财富智慧

东方哲学中的

徐瑞 著

花山文艺出版社

图书在版编目（CIP）数据

东方哲学中的财富智慧 / 徐瑞著. -- 石家庄 : 花山文艺出版社, 2025. 7. -- ISBN 978-7-5511-7885-3

Ⅰ. B3-49

中国国家版本馆CIP数据核字第2025J29818号

书　名：	**东方哲学中的财富智慧**
	Dongfang Zhexue Zhong De Caifu Zhihui
著　者：	徐　瑞
责任编辑：	李　鸥
装帧设计：	大象无形设计策划·龙一
美术编辑：	王爱芹
出版发行：	花山文艺出版社（邮政编码：050061）
	（河北省石家庄市友谊北大街330号）
销售热线：	0311-88643299
印　　刷：	固安兰星球彩色印刷有限公司
经　　销：	新华书店
开　　本：	710 mm×1000 mm　　1/16
印　　张：	13
字　　数：	163千字
版　　次：	2025年7月第1版
	2025年7月第1次印刷
书　　号：	ISBN 978-7-5511-7885-3
定　　价：	39.80元

（版权所有　翻印必究·印装有误　负责调换）

探寻财富真谛：
一本融合东方哲学的智慧之书

2019年1月，初次与徐老师相遇的场景至今仍历历在目。那时，他站在会议室的白板前，眼中闪烁着炽热的光芒，正兴致勃勃地向十几位听众讲述"新经济""新模式"所掀起的财富浪潮。从那时起，我便知晓，他对探索如何实现财富增长的热情，远超常人。在与他相识的这些年里，"财富"一词，常常是他话语中的高频词汇，而他对这一目标的探索与追寻，从未停歇。

如今，徐老师已在内观平台深耕直播领域长达七个年头。作为一路相伴的朋友，我有幸见证了他在成长道路上的每一个脚印。他身上所具备的勤奋好学、乐观自信、心境豁达等品质，如同璀璨星辰，指引着他不断前行。而这本凝聚着他心血与智慧的《东方哲学中的财富智慧》，更是他多年来对东方智慧深入思考、积极探索与不懈实践的结晶，其中蕴含的深刻见解与独到观点，着实令人期待。

在当今这个快速发展、竞争激烈的时代，追求与积累财富已然成为众多人生活中的重要目标。在这场财富追逐的浪潮中，许多人将目光聚焦于西方商业理论和投资技巧，试图从中找到通往财富自由的捷径。然而，他们却忽略了东方哲学这座蕴藏着无尽智慧的宝藏。《东方哲学中的财富智慧》的出现，恰似一把开启宝藏的钥匙，为人们打开了一扇从东方哲学深邃视角探寻致富奥秘的大门。

东方哲学历史悠久、博大精深。儒家思想中的"义利之辨"，强调在追求利益的同时,不能忽视道德与正义,倡导以合乎道义的方式获取财富,这不仅关乎个人的品德修养,更与商业活动中的诚信与社会责任紧密相连;道家的"道法自然",主张顺应自然规律,在财富创造的过程中,不盲目冒进,尊重市场和经济的内在规律,以一种从容、稳健的态度去经营和发展;佛家的"因果轮回",则提醒人们,每一个行为都有其相应的结果,在商业决策和财富积累中,要考虑长远影响,善因方能结善果。这些古老而深邃的智慧,并非仅仅停留在精神层面的指引,它们在经济活动与财富创造中,有着不可估量的应用价值,为人们提供了一种更为全面、深刻的财富观。

这本书并非承诺能让读者一夜暴富的"魔法秘籍",而是一盏明亮的灯塔,为在财富之路上迷茫徘徊的人们照亮前行的方向。对于那些在追求财富的过程中感到困惑、迷茫,不知该何去何从的人来说,书中的东方哲学智慧,能给予他们心灵的慰藉与方向的指引;对于对东方哲学有着浓厚兴趣,渴望将古老智慧融入现代生活的读者而言,本书更是一座连接传统与现代、精神与物质的桥梁。

愿每一位翻开这本书的读者,都能沉浸在东方哲学的智慧海洋中,汲取其中的养分。在阅读与思考的过程中,重新审视自己的财富观念,将东方哲学的智慧巧妙地应用于实际生活与商业活动中。相信通过这本书,读者们不仅能够开启属于自己的致富之道,还能在追求物质财富的同时,收获精神上的富足与内心的平静,实现真正意义上的人生圆满。

——内观文化创始人　王奕宣

前　言

你的愿望有多渺小，你自己就会变得有多渺小；你的抱负有多伟大，你自己就会变得有多伟大。

从小我就卓尔不群，那时老想一个问题："人活着是为了什么？"后来我读到李清照的两句诗"生当作人杰，死亦为鬼雄"，立刻就觉得自己找到了人生的定位和意义。

小时候，因为我读的报纸、杂志比较多，因此在知识信息层面上比同龄人懂得多一点，视野也开阔一些，所以我也显得比同龄人早熟一些。正是这点儿早熟使得我与同龄人相处起来略显格格不入，我总认为他们都是胸无大志的酒囊饭袋，自然与他们没有共同语言。那时我总爱与别人打嘴仗，常常挂在我嘴边的一句话就是"燕雀安知鸿鹄之志哉！"

为了实现自己的宏图大业，我放弃了公务员的工作，远离家乡来北京闯荡，成为北漂。

可现实总是很残酷，在北京摸爬滚打了好几年，结果却混得穷困潦倒。为实现自己的理想而奋斗，成为我那时活着的唯一目的。一个人孤军奋战，常常被寂寞与孤独所包围，常年漂泊在异乡，在太多的辛酸与无奈的双重挤压下，我常感觉心力交瘁、疲惫难忍，有时也想过放弃自己的内心追求，打算认命回到自己家乡的小城，找一份安稳的工作。毕竟在家乡有父母无微不至的关怀，有许多同学及朋友的快乐相聚，有一个温暖的小巢，何苦还要在外面颠沛流离？

但是，住在家乡那个小城市的时候，我与生俱来的理想却无一刻不蠢蠢欲动。因为在安闲的小地方，人们无法与我分享一个目标。为了心底挥之不去的理想，还有被视为第一生命力的事业，我一边努力吸吮着生活中小小的欢乐，一边不停地与梦想讨价还价，鼓起内心的勇气，决心一步一步地去接近自己的理想。

无论在事业上遇到什么困难，我都鼓励自己，"可以成功，也可以失败，但绝不可以放弃"，因为生命对我来说只有一次。

大家现在知道，一个人之所以贫穷，首先肯定是自己的思想贫穷，大富豪绝对不可能是靠体力积攒财富的。为了改变穷人的思维方式，我开始走上学习的道路，希望通过学习改变命运！

我最早从学习"成功学"开始，起初学习效果也较显著，自己的行动力超强，感觉似乎成功指日可待，结果却是越学距离成功越远，后来才明白，"成功学"其实就是利欲学，一个只想着拼命赚钱的人，总会带着急功近利的心态去为人处世，谁遇到这样的人都会退避三舍，结果当然只能是越混越潦倒。

之后我又去学"潜能开发"，跟安东尼·罗宾学习到了"种心锚"，每天不断激励自己，让内心时时处在巅峰状态。虽然人可以在短时间内充满激情，让工作业绩飞升，收入大增，但是时间一长，为了保持业绩的持续增长，自己的综合素质必须相应地提高，而且面对瞬息万变、竞争激烈的市场和社会，充满激情的巅峰状态并不是万能的，当遇到发展的瓶颈时，激情便开始消退，那时情绪往往会从云霄跌落至谷底，这种巨大的心理落差，曾让我一蹶不振。

只要没成功，就说明我还没学到家。于是我又继续到处苦觅成功秘诀，有一次我突然发现"教练技术"和"NLP神经语言程序学"很好，就花了大把的钱学习"教练技术"，包括催眠与九型人格。我在学习中发现了自己固有思想中的种种盲点，认识到原来自己从小到大的生活经验和经历，已使我形成了自己的世界观、人生观和价值观，也就是心智反应模式。从此认识到以前所学的都是外功，认为这门教练技术才是内功，还认识到穷人思维的根源是自己的固有心智反应模式造成的。这下总算是"脱胎换脑"，彻底改变了自己。按说后面自己想不成功都不可能，可现实是，每次我感觉成功就近在咫尺时，却又失之交臂，遥不可及。

我们往往幻想有一种灵丹妙药能包治百病，同时也幻想人生能一帆风顺，幻想自己可以一步登天，等等。实际上，天底下没有那样的美事，任何事物的发展都是螺旋式地前进，而不是直线式上升。人作为有思考能力、能感知世界的万物灵长，其成长路线也是波浪式地前进，有高潮、有低谷，只有通过不断学习、不断实践，在实践中有所扬弃，才能继续前进。

我在学习教练技术期间，看到每一位学员在特定的情境下，都展现了人生的种种可能性，突然发现原来我自己身上还有这么多可能性，于是又萌发了跳槽或者创业的想法，但是等到冷静下来后发现，自己对跳槽或者创业的准备是非常不充分的。平心而论，每个人身上都有非常多的可能性，我们也非常希望最大限度地发挥自己的才能，创造属于自己的事业和财富，但是从"可能性"到"现实性"还有一段相当长的路要走，需要做好方方面面的准备和积累，也需要运用自己的理性来思考，否则盲目运用教练技术做出冲动的决策，结果只能是再撞南墙。

我想自己学了那么多实用的经验技术，结果却没有成功，肯定还是在知识方面有欠缺，于是我又开始学习新的理论知识，我将目光投向了"蓝海战略"，不去参与残酷的红海市场竞争，想另辟蹊径，找到一片蓝海。可没两天，这片蓝海也马上变成了红海，其实把蓝海战略研究透彻，无非就是将以前的差异化战略换了一个新名词而已。

蓝海战略像一阵风一样，吹过去之后，不带走一片云。接着迎来了崭新的"利基战略"，还没等我学透利基战略，又诞生了一个伟大的成功秘诀：长尾理论。可是，学了这些理论知识，也没能成为非凡的企业家。

几年前有很多人又开始趋之若鹜地学习"吸引力法则"，几乎所有的培训师人手一本《秘密》。很有意思的是，那些成功的企业家根本没学过这么多东西，所干的事业却是欣欣向荣。相反，那些像我一样，几乎学遍了社会上所有热门课程的人，却鲜有真正的成功者。

原来，我们一直都在学习赚钱的"术"，也就是方法。某种方法对张三来说合适，对李四来说可能就不合适，因为每个人所拥有的资源、条件不一样；某个方法在去年适用，今年可能就不再适用，因为时间变了；这个方法在美国能成功，在中国就不一定能成功，因为社会环境不一样。所以，我学完博恩·崔西的"思考致富"后，却没真正致富。这就是即使学同样的课，有的人能成功，有的人却失败的原因所在。

每个人都存在着个体差异，因为每个人的智力、性格、志趣与习气不可能完全相同。一位好的老师要能够发现每个学生身上不同的特点，而施行不同的教导，从而最大程度地激发出每个学生的潜能，真正让每个学生能依据自己的"材"而最终成"才"。

圣人孔子早在两千多年前就提出了因材施教的教育方法，这一方法成就了其辉煌的教育事业。但即使像孔子这样伟大的圣人，深通因材施教的方法，门下弟子三千，却也只培养出七十二贤。剩下的两千九百多个弟子难道不够努力吗？难道不希望功成名就吗？但为什么最后只成功了七十二位贤人呢？

为了找到这个答案，我苦思冥想、废寝忘食地去探寻，机缘巧合，有一次黄巧玉老师向我推荐了"内观"这个殊胜的法门，这让我在福建长汀的南禅寺悟到快速赚钱致富的秘籍，可以让所有人都能获得成功致富的智慧。

这个赚钱的秘籍就是要善于把握住"道"。那什么是"道"呢？道法自然，通俗来说道就是自然法则、自然规律。

万事万物，包括每一个人，背后都受自然规律的支配。如果掌握了"道"，懂得运用自然规律、自然法则，赚钱就会易如反掌！

谁不渴望成功致富与改变命运？可是，如果你不知道自己的命运，不去主动做出积极的努力，并去改变自己的命运，就只能在原来的命运轨迹中打转。

个人与企业到底如何才能成功，从而改变命运？大多数人都知道成功的三个条件是天时、地利、人和，但什么是天时、地利、人和，估计没有一个人能完全解释清楚！

如果自己不知道什么是天时、地利、人和，又怎能运用天时、地利、人和呢？不得天时、地利、人和，又如何能成功致富？

何为"天时"？为什么春天来了，会万物复苏，春暖花开？一定是有能量让地球上的万物变得生机勃勃，这个能量非常巨大，它就是天时。就像我们天天在呼吸，但从来没有觉察到空气一样，也没感觉到大气压这种巨大的自然力量。现在，我们完全破解了天时的机密，天时是有方向，有角度，有性质的，而且我们把天时完完全全地量化出来，让每一个人都可以看得见、摸得着。古人说："得天时如得神助！"

何为"地利"？地球在高速地旋转，产生巨大的场能，而且地球磁场每时每刻都影响着每一个人。但估计大家也是浑然不知的，因此当然得不到地利的恩赐。只有地利的秘密被破译出来，同样也清清楚楚地被量化出来，才能让每个人都知道如何去得地利之便。

何为"人和"？譬如人一出生就对应一个磁场能量，人与人一共有生、合、比、克、冲、破、刑、害、绝九种关系，这就是千古以来"人和"背后的密码！

明白了"天时、地利、人和"的概念与系统，就自然懂得古人总结的这两句话的意义："盗天地之灵气，夺日月之造化！"

我相信，本书的理论系统将成为全世界所有经理人、企业家以及白手起家的你必学的东方哲学MBA进修课程，它将是21世纪最具世界竞争力的软性文化产品。现在的MBA、EMBA都是从哈佛大学引入的案例教学，即使学完了五百个案例，但真正能运用的知识有多少呢？真正能靠它把企业经营成功的又有几人？不久的将来我计划在香港设立"东方智慧商学院"，以香港为中心，向全亚洲国家的高校商学院出售依据本书研发的课程的版权，开设商业智慧课程。下一步会计划在美国设立商学院，再向全世界推广这套东方哲学的商业智慧MBA课程。我也希望自己能成为世界级的"赚钱教练"，以期帮助更多的人完成梦想，走向成功，为造福更多人做出自己的贡献！

目　录

第一章　解密命运

一、何为命运　　　　　　　　　　　003

二、解开"命"的密码　　　　　　　003

三、解开汉字"运"的密码　　　　　009

四、解开命运的密码　　　　　　　　010

五、决定命运的十二大因素　　　　　011

第二章　终极思考

一、我是谁　　　　　　　　　　　　019

二、我从哪里来　　　　　　　　　　023

三、人为什么活着　　　　　　　　　026

四、生命的真相　　　　　　　　　　028

五、生命的终极意义　　　　　　　　030

第三章　掌控命运

一、运由己造　　　　　　　　　　　032

二、认识你自己　　　　　　　　　　034

三、人为什么不幸福　　　　　　　　036

四、痛苦的根源　　　　　　　　　　041

五、如何改变命运　　　　　　　　　042

六、福报从哪里来 046

第四章　金钱秘密

一、金钱是什么 051

二、金钱的本质 053

三、金钱的哲学 056

四、金钱的关系 058

五、金钱的法则 061

六、赚钱的境界 068

七、赚钱核动力 072

第五章　脱胎换脑

一、什么是智慧 077

二、如何获得智慧 078

三、贫穷的根源 081

四、万化根源总在心 088

第六章　空穴来钱

一、思想的本质 104

二、信念的真谛 105

三、信念的来源 110

四、如何模塑信念 116

五、空穴来钱 119

第七章　杠杆智慧

一、贵人相助 124

二、什么是贵人　　126

三、怎样遇到贵人　　128

四、如何吸引贵人　　130

五、赚钱的四大窍门　　135

第八章　重构认知

一、吉财凶财　　142

二、提升格局　　146

三、分钱智慧　　150

四、吸金大法　　152

五、富贵人生　　154

第九章　马上有钱

一、学什么改变命运　　160

二、善用别人的能力　　161

三、最赚钱的投资机密　　163

四、马上有钱　　167

第十章　活出奇迹

一、无上智慧　　174

二、正名"神通"　　176

三、显化丰盛　　177

四、终极秘密　　180

五、活出奇迹　　185

后　记　　190

第一章

解密命运

> 穷人不是没有钱的人,而是没有梦想的人。

当一个人处于事业的高峰期时,一般是不相信有命运一说的,因为成功给他带来的自信,会让他以为自己就是老子天下第一、无所不能。只有当他处于人生下坡路的时候,才发现很多东西不是自己所能掌控的。

以曾登上福布斯富豪榜的财富大亨为例,有的人是白手起家,按说随着年龄的增长,他们的社会阅历和经商经验应该会更丰富,思想也会更成熟,经验会更老到,按说应该会越来越富有,可是为什么很多这样的人最后却纷纷折戟沉沙呢?

其实,每个人的命运背后都有一只无形的手在推动着。这只手就是宇宙天体的运动能量,即"天时"。

因为,人们常常受到时间以及能量的影响,而出现情绪的变化、思想的变化,正确或错误决策的变化,从而会有痛苦、悲哀、喜悦、兴奋、成功、失败等。因此,人处在事业高峰的时候,不要盲目自大;人处在事业低谷的时候,也可以通过借势、造势来扭转命运。这些都是自然规律,应该用一种平常心去对待。

在此和大家分享一段话:生命的本质究竟是什么?无论我们如何全心全意去构想人类的伟大,但我们天生便是井底蛙群,从微尘般的地球伸出头去探索无穷无尽的宇宙，就像深井里的蛙儿跳出井底去看外面的世界。无论看得多么真切，也只是真理大海里微不足道的一小部分，甚至我们得到的也是一个被扭曲的事实。

但这井底却是我们的全部世界。在这井里，一些青蛙常常伏在污水里，沾沾自喜其丰功伟业，争名逐利，而后或做帝王将相，或做英雄侠士；亦有些青蛙缩在一角，困苦无依；更有一些目光远大的青蛙，憧憬着井外辽阔的天地，期盼着能跳出去的那一天。

而在井底里一直流传着那些已跳出井外的非凡"青蛙"的故事，尽管他们永不再回到井里，但这已带给仍在井内的苟且偷安的群蛙永不破灭的希望。

当你认为人定胜天的时候，那是因为你的认知缺陷；当你意识不到一只无形的手在掌控你的命运的时候，那是因为你"不识庐山真面目，只缘身在此山中"，身在迷局中的人往往是当局者迷，执迷不悟。

一、何为命运

我们每个人都渴望改变自己的命运，过上富裕、幸福的生活，但我们首先要知道什么是命运，当我们认不清自己的命运，而只靠一味地去努力拼搏时，其实我们还是停留在已定的命运手掌里转圈儿。

其实，命运的轨道存在于古人早已认知的万事万物背后的客观规律中！懂得这些客观规律（即道），才能让我们真正过上幸福、成功与快乐的生活！

二、解开"命"的密码

"命"字在《现代汉语词典》里有多种解释，如：生命、性命、寿命、命运、命令等。

大家看这个"命"字,左下角的"口"像女性的卵子,右下角的"卩"像男性的精子(见图一),精子、卵子合二为"一"时,就产生了"人"(见图二),所以这就是汉字"命"的起源。中国的汉字是象形文字,并不是随便杜撰出来的。现代科学已证明人的孕育是精子、卵子的结合,其实聪明的古人早在五千多年前就已经洞察真相。

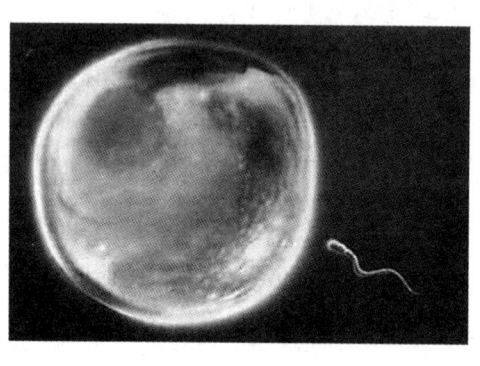
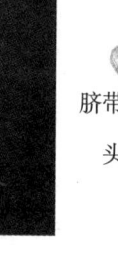

图一　　　　　　　　　　图二

古人说人的命由天注定,也许有人不认同,于是反驳说"我命由我不由天",但请问反驳者,怎么定义"天"呢?

天有广义和狭义之分。从广义的解释来看,古人认为"天"是天左旋,地右转,这意思是说,"天"是指以北极星(见图三)为轴心的整个向左旋转的宇宙空间。

图三

为什么以北极星为轴心呢？因为北极星和地球的轴心在一条直线上，所以在地球上看北极星是永远不动的，而其他的星体全部围绕着北极星向左旋转（见图四）。

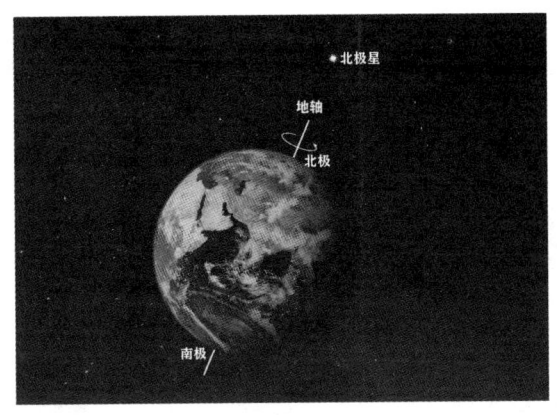

图四

北斗七星绕北极星转一圈正好是地球的一年，这就是佛家概念"万"字符的起源（卍，见图五）。"万"字符是古印度的梵文，意为"吉祥之所集"，印度人认为它是释迦牟尼胸部所现的"瑞相"，用作"万德吉祥"的标志。武则天将其确定为汉字，读音同"万"，寓意吉祥万德。

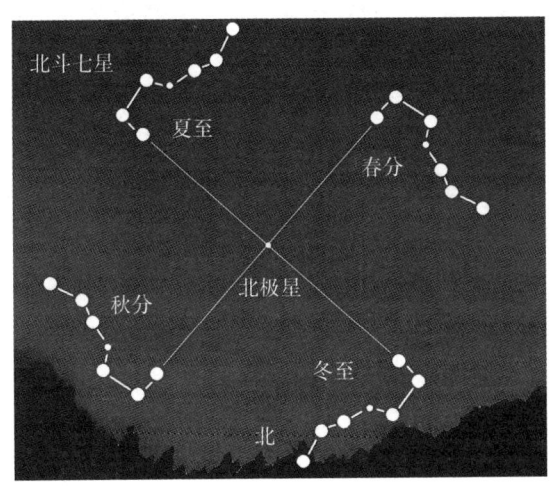

图五

还有一个狭义的"天",就是指太阳。全世界很多国家和民族都崇拜"太阳神",因为太阳占了整个太阳系99.8%的质量,所以人类的吉凶祸福实际都是由太阳掌管着(见图六)。

图六

我们从小就知道天圆地方,那么这个词是什么意思?我们生活在地球上,一切以太阳为中心,所以太阳就是我们的天,地球24小时不停地绕着太阳转,其轨道是一个椭圆形,像一个方形,这就是天圆地方的本义。

在中国传统文化的概念里,太阳黑子每十年在太阳里面运转一圈,就产生了十个天干(见图七)。为了让大家更好地了解与认识这种情况,我特将天干列示如下(见图八)。

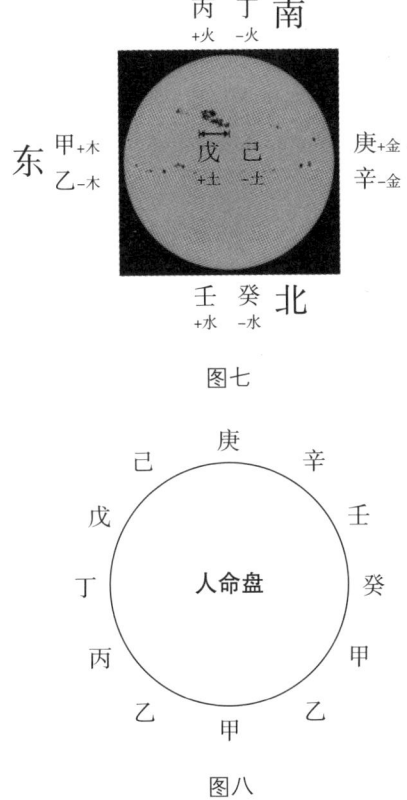

图七

图八

十天干的能量场对应的万物

名称	对应万物的具体内容
阳性物质	向上,凸现,强烈,刚毅,夸张,光明……
阴性物质	向下,凹隐,迟钝,柔弱,含蓄,阴暗……
1.甲	甲－阳木－正东－青色－大树－高个－长脸－头——胆
2.乙	乙－阴木－东南－绿色－矮树－中个－圆脸－脖子——肝
3.丙	丙－阳火－正南－大红－发光热场所－苹果脸－肩膀——小肠

续表

名称	对应万物的具体内容
4.丁	丁－阴火－西南－浅红－有光热物－中个－尖下巴－胸——心脏
5.戊	戊－阳土－正南－深黄－地面大型建筑物－中高－四方脸－肚——胃
6.己	己－阴土－西南－浅黄－地面物－中高－长四方－脐腹——脾
7.庚	庚－阳金－正西－白色－金属物所－中个－四方脸－腰——大肠
8.辛	辛－阴金－西北－灰白－金属物所－中个－椭圆脸－肋骨——肺
9.壬	壬－阳水－正北－紫黑色－大水－中低－瓜子脸－屁股——膀胱
10癸	癸－阴水－东北－黑色－小水－中矮－方形脸－四肢——肾

十天干的能量场特性

名称	能量场特性
甲	有上进心，坚强有骨气，心地仁慈正直
乙	有嫉妒心，向周围发展，善于随机应变
丙	有急躁心，冲动有爱心，心思敏感无毒
丁	有细腻心，无自信多疑，温和守礼拘谨
戊	有包容心，沉着富耐性，讲信用人憨直
己	有忍辱心，多才好艺术，做事精明多变
庚	有侠义心，豪爽有气魄，好强好胜不屈
辛	有虚荣心，本性不坚定，有气质好权势
壬	有乐观心，外向不掩饰，聪明任性纵欲
癸	有柔情心，内向耐心强，好幻想不实际

我们都知道，并不是每一个人都能做得了老板，因为每个人的身心能量场级别不同，譬如甲年出生的人容易当领导或老板，而乙年出生的人则适合当秘书或助理。如果一个人的天性属于阳性的，则其人大多具有坚毅的性格；如果一个人的天性属于阴性的，则大多具有柔弱多疑、思维缜密的性格。

三、解开汉字"运"的密码

再看看"运"这个字,从字形上看是"云"在走动,这代表"运"属于时间的范畴,所以,古人常说"时来运转"。

此刻正在阅读这本书的你的属相一定是十二属相之一种(见图九),但大家知道为什么是十二种属相而不是十八种属相或更多种属相呢?为什么没有猫或大象的属相呢?

图九

这是一个千古之谜!

其实,聪明的祖先通过观察自然界,发现一个奇怪的现象,即每一年有一种动物会长得非常兴旺,而且当年新出生孩子的性格与这年长得最兴旺的动物的特性非常相像。出生的人所归属的属相中还有一个规律,那就是每十二年一个轮回。

为什么会这样呢?人类经过观察发现,每十二年一个轮回的根源在于木星,木星在古代叫太岁,也叫岁星。木星每十二个地球年绕太阳转一周,木星的磁场辐射到地球上,结果就产生了十二生肖(见图十)。

图十

我们也可以打一个比喻，孩子出生的一瞬间，就好比是一列火车进入火车轨道的一瞬间，此时此刻，命运就开始沿着这条已经铺好的时间轨道向前行驶。人的大脑，就好比是该列车的驾驶员，无论是因天气和人事的关系，他的每一个决定——车速快慢、何时停站等，都随时影响着这列火车的进程，也就是说，"运程"是人的思维与外界事物相互作用下所产生的结果。

一个人的运气犹如春夏秋冬，天有不测风云，人有旦夕祸福。人一生会经历童年、青年、中年、晚年四季。有人一生都旺，有人一生都衰，而有人或早年旺或中年旺或晚年旺。甘罗十二为秦相，姜太公八十遇文王。所以，我们不必为当下的成功而狂妄自大，也不必为当下的事业失败而悲痛欲绝。

四、解开命运的密码

"命运"这一词语在《现代汉语词典》里解释为：生死、贫富和一切遭遇。其实，"命"和"运"是两个不同的概念，合在一起构成"命运"。

打比方说，命是种子，运是土壤。命是改变不了的，它是先天形成的。如果你是西瓜种子抑或是南瓜种子，种下后一定结出的是西瓜抑或是南瓜，这属于先天注定。但是，一个人可以改变他的"运"，如果改变了"运"，自然就会带动其"命运"的改变。

过去决定现在，现在决定未来。现代基因研究在某种程度上证实了命运的客观存在，即每一个生命体都受遗传基因的影响，在特定的时段发生特定的生物变化，都和大自然的四季更替、花开花谢一样有规律可循。换句话说，命运不是迷信，而是属于不为更多人所了解的科学范畴。

五、决定命运的十二大因素

古人总结了决定人生命运的十二大因素：一命，二运，三风水，四积阴德，五读书，六名，七相，八敬神，九交贵人，十养生，十一择人与择偶，十二趋吉并避凶。

具体解释如下：

1.命

一个人出生于富贵人家或是贫穷人家，出生于南方或是北方，性别是男或是女，这都是命中注定的，后天不可变。所以，人生中，命排在第一位，如果一个人生在富贵之家，其一生大概率自然用不着艰辛地拼搏与奋斗。

2.运

一个人在成长过程中，如果家庭经济状况发生了重大变化，譬如由穷变富或是由富变穷，其生活的社会文化和环境是什么样，其时的国家安全环境和政策是什么样子，是否有地震、火灾、车祸等大灾害发生在这个人的身上，这都是他的"运"，这些后天因素一直在变化。

但是，这个变化掌握在谁的手中？主要就是时间。当一个人命不好时，就要积极主动地去借运并尽力去改变运，从而改变人生。

3. 风水

所谓风水，按照科学的视角来解释，就是把人生活在其中的环境作为一个整体系统来看，这个系统是以人为中心，包括天地万物。环境中的每一项都是相互联系、相互制约、相互依存、相互对立、相互转化的要素。风水学的功能就是要从宏观视角来把握各子系统之间的关系，进而优化结构，寻求最佳组合。

在中国古代，黄帝建城时就特别重视察其阴阳，观其向背。自古主张"明堂平旷，万象森罗，众水朝归，诸山聚会；草盛木繁，水深土厚"，常言道"山清水秀出美人，穷山恶水出刁民""一方水土养一方人"，地吉苗旺，宅吉人旺。同样的种子，种在不同水土的地里，长势的旺衰就不一样，所结的果子也不一样，这就是风水的影响。同样的人，生活在不同的环境，成长的情况也不一样。

4. 积阴德

一般人理解为做善事。中国传统文化认为，一个人的命虽然是天注定不可改，但是自己的运是可以改的，一是通过改风水，二是通过积阴德，或可以改变自己和子女及其后代的命运。

什么是"阴德"？私下做了善事不留名、不宣扬，这就叫阴德。因为一旦故意宣扬来让别人知道，别人对你的赞美和褒奖就会把你做善事的功德抵消掉。

5. 读书

古代有"一朝高中见圣颜，十年寒窗为功名"的佳话。读儒、道、佛，读"四书五经"，或读哲学让人懂得为人处世的道理。青少年读科学，奠基其现代知识基础；中青年读儒家，懂得"达则兼济天下，穷则独善其身"；老年读道家，期许修身养性，长命百岁。

6. 名

中国人都知道起一个好名字的重要性，甚至有的人专门请人根据自己的五行八字来取名字。其实，五行八字是先天已经确定的，根据出生日期和地点来算，是不可改变的。但是，我们后天可以通过起个好名字来弥补缺憾。名字表面上看是一个人或事物的代号，实则名称里蕴含着内在密码，关系着一个人或事物的命运，因为名副其实、名副其人，名不正则言不顺。

任何人都离不开名字，需要一生使用，所以终身广告用语很重要！例如：金利来（Goldlion），英文为"金狮"，在香港人看来，"金失"便是"尽输"，销售服装，面对如此忌讳的名字自然无人光顾。后来，曾宪梓先生将"Goldlion"分成两部分，前部分"Gold"译为金，后部分"lion"音译为利来，取名"金利来"之后，情形大为改观，吉祥如意的名字为金利来企业带来了好运，可以说，"金利来"能够取得今天的成就，其美好的名称功不可没。

7. 相

相即相貌仪表。举个简单的例子，多数单位招聘新人，部分岗位的面试除了对个人的专业能力有所考察外，还很注重被面试者的相貌仪表，因为一个人的外在气质与形象与其职业素养、个人修养直接相关。不是有下面这样的话吗？骨格定一生之荣枯，气色看行年之休囚；相好得人缘，霉相讨人嫌。

8. 敬畏

地生万物养人，说明地球是人类的母亲；万物生长靠太阳，说明太阳是人类的父亲。人知道自己比狗、蚂蚁、树、石头高级，但比人高级的是什么呢？人无法完全理解，犹如蚂蚁无法理解人类一样，只能冠之以神或上帝之类的称谓。如果我们否定存在比人更高层级的一类，就不符合辩证法，道理上说不通。面对浩瀚的宇宙，人类只是微不足道的生物之一种。当我们仰望天空时，敬畏之情油然而生。只有狂妄无知之人，才会毫无敬畏。

敬畏还有一层意思就是敬圣贤、敬祖先。圣贤与祖先的能量场对后代有"庇护"的作用，所以，过去的名门望族都建有祠堂，把圣贤与列祖列宗供奉起来，当"神"一样敬拜。

9. 交贵人

近朱者赤，近墨者黑。那些道德高、有知识、有智慧、有管理能力的人，属于我们的贵人，我们应该多亲近。少交酒肉朋友，不交不守信与巧言令色者。"远离愚痴人，应与智者交，亲近有德者，是为最吉祥"，但是如何遇到贵人，而且让贵人愿意帮助你，这就需要自己首先要成为这种值得交往的人。

10. 养生

这是一个比较大智若愚的方法。任谁来来去去，我只管守此心、养此身。先天短命的人如果能做到这一点，可以延长寿命。天有三宝，日、月、星；人有三宝，精、气、神。人活得快乐，才能心态平衡、头脑冷静，从而制订正确的计划，展开可靠的行动。修身、齐家、治国、平天下，修身为本。

11. 择人与择偶

男怕入错行，女怕嫁错郎。一项事业的成功达成，少则十年，多则三十年。一个人要想成功，需要先立志，从事最有希望成功的行业，并坚定不移地干下去。古人云"家和万事兴，夫妻和合，二人同心，其利断金"。还有"择妻知志向"，意思是一个男人选择什么标准女人做老婆，就知道他有什么样的志趣和理想。同样，一个老板喜欢什么类型的员工，就知道这家公司的未来发展方向。物以类聚，人以群分，"道不同，不相为谋"。

12. 趋吉并避凶

穷凶极恶者，其结果一定是凶险的，安定团结者，其结果一定是吉祥的。做事合乎规律者胜，掌握天机者赢。

要想改变命运，首先要认清命运，才能不受命运的制约，才能改变命运。这恰恰是真正的中华民族的智慧结晶，绝不是"迷信"！"迷信"是迷迷糊糊地相信。

人类把已知事物的客观规律称作科学，那请问，我们人类对未知事物的客观规律不了解的多还是对已知事物的客观规律了解的多？当然是对未知事物的客观规律不了解的多！既然如此，不要随便地对自己未知的事情乱扣"迷信"的帽子，否则那便是对科学的"迷信"。当然，你也可以不用去了解这些知识，按当下的生活轨迹继续生活下去。不过，如果你通过学习而知道后，这很可能会改变你的命运，并使你进一步走向成功，从而生活得更加平安、幸福与圆满！

第二章 终极思考

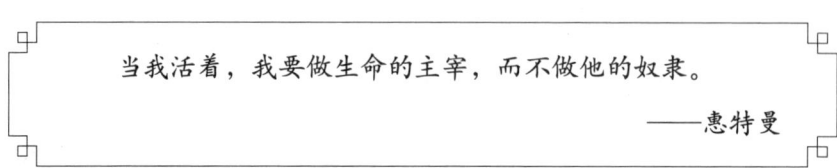

当我活着，我要做生命的主宰，而不做他的奴隶。

——惠特曼

为什么很多人懂了诸多道理后，却依然过不好这一生？因为在面对人生的根本问题时，他一问三不知！

我是谁？我从哪里来？我要到哪里去？这三个问题决定一个人的世界观。一个人的世界观决定其人生观，其人生观则决定其价值观，其价值观则决定他的为人处世和行为准则，最后当这人付诸行动，则演变成命运（见图十一）！

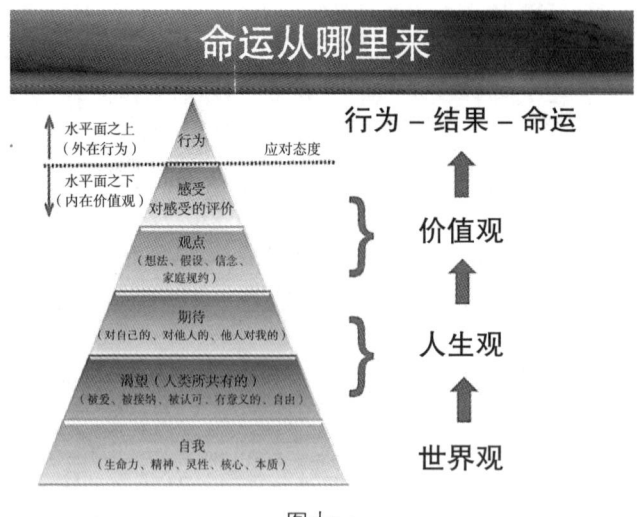

图十一

据西方心理学研究，一个人的行为由他的感受决定，感受由他的观点决定，观点由他内心的期待决定，期待由他的渴望决定，渴望由他对自我的认知，即"我是谁"来决定的。

如果一个人没有觉悟，那么他的所有付出一定有所索取！当一个人觉悟了，认知到宇宙生命的真相，明白因果定律才是这个宇宙的真理法则时，自然会正心诚意地自立利他！

一、我是谁

"我是谁"这一命题如同普罗米修斯盗取的火种，既是人类文明的原初追问，也是个体存在的终极坐标。

一个人自呱呱坠地那一刻起，人世间的烦恼便开始包围住了他。襁褓中因饥饿而嗷嗷待哺，因寒冷而瑟瑟发抖。孩提时因要玩具而哭闹，因受不公平对待而委屈，因与小伙伴争吵而伤心，因家贫受侮而难过。从懵懂无知的少年成长为青年，这个阶段可能经历世事、遭受挫折，头脑中的问题一天比一天多，开始质疑友情，怀疑爱情，抨击权力，憎恶金钱，痛恨社会的不公平，等等。

由此而引发出一系列每个人都在探求、想解决，却无处寻找答案的形而上的问题，即我是谁？我从哪里来，我要到哪里去？我活着是为了什么？一言以蔽之，就是人生的终极意义究竟是什么？要是这个问题没有得到解决，人生的烦恼就永远像毒蛇一样紧紧地纠缠着你，使你排遣不了，摆脱不了，躲避不了。纵然你所认定的事业一生都如日中天，挣来的钱财仓斗难量，亲情、友情、爱情像春风秋日般荡漾朗照在你身上，但是，在你满怀眷恋现世的弥留之际，人生终极意义的问题又会像潜伏已久的幽灵一样浮现在心头：我到这世间走一遭，究竟是为了什么？那时若再思考这个问题其实已为时太晚，你将带着一个巨大的人生问号走进坟墓，那种悲哀，痛过离世！

明白"我是谁"之所以至关重要，是因为它直指生命本质的觉醒。这种探索不仅是哲学的思辨，更是破解人生困境、获得深层个人自由的钥匙。我们可以从四个角度理解其重要性：

1. 跳出自我消耗的困局

据研究，现代人90%的心理痛苦都源于"虚假自我"的构建。我们常把社会角色（职业/身份）、情绪标签（抑郁者）、身体状态（病人）当作"真实的我"，就像误把舞台上的角色当成演员本身一样。这种认知错位会导致：

（1）焦虑循环，为维持"精英人设"透支身心。

（2）关系控制，强迫伴侣符合"理想丈夫或妻子"的幻想模板。

（3）存在危机，一旦失业后就会陷入"我不知道自己是谁"的迷失状态。

比如，一个炒股的老板发现，自己将"炒股赚钱的能力"等同于其生命价值。这种观念则会让他面对炒股亏钱时感到濒临崩溃。当他体悟到"亏损的是账户，不是自我"时，才会重拾内心的平静。

2. 解锁真正的生命力量

当我们看破"我"的幻觉，反而能激活不可思议的潜能。

（1）决策蜕变：当一个创业者放下"我必须成功"的执念后，反而能冷静地捕捉市场的真实需求。

（2）痛苦转化：当一个身体疼痛的患者通过观照是"身体在疼，但观察者不疼"，就会降低60%的痛感感知（牛津正念中心研究统计）。

（3）创造力爆发：艺术家在忘我状态（Flow）下能创作出最具灵性的作品。

（4）脑科学印证：当人停止"自我叙事"时，默认模式网络（DMN）活动降低，这正是焦虑和抑郁缓解的神经机制。

3.重建健康的生态关系

明白"无我"不是冷漠疏离,而是看清很多事情的本质。

(1)亲密关系的本质是:两个流动的生命体共同成长,而非固定角色的互相索取。

(2)沟通障碍的根源是:当你说出"你从不理解我",实质上是固化的自我认知在抗拒变化。

(3)慈悲的诞生:看见朋友亲人无理取闹时,理解对方是"虚假自我"的恐惧投射,而非对你的人格的攻击。

(4)在冲突中自问:"此刻的愤怒,是我的哪些信念造成的?"

4.触碰超越性的生命维度

历代智者通过"我是谁"探寻,发现了三种存在真相:

(1)粒子态自我:身体每秒替换500万个细胞,7年完成全身更新,"肉体我"只是流动的能量聚散。

(2)河流态自我:意识如水流,每个念头都是上游环境(教育、文化)与当下因缘(情绪、场景)的交汇。

(3)投影态自我:量子力学发现观察者影响被观察物,暗示"我"更像是宇宙意识的局部显化。

(4)禅宗公案启示:有人问赵州禅师"如何是本来面目",答"吃茶去"。这暗示"真我"不在思辨中,而在喝茶时味觉、触觉、暖意的当下全体。

日常实践体验"真我"三步法:

(1)觉察标签:当想说出"我是焦虑型人格"时,改为"我此刻体验着焦虑情绪"。

(2)追问解构:情绪来袭时连续自问,"谁在生气?——念头在生气。谁知道念头在生气?——觉知在观察。觉知会生气吗?——不,它只是镜子"。

（3）体证练习：每日用3分钟静观呼吸，感受气息进出时"没有控制者，只有自然过程"，提升自己的觉察力。

设法理解"我"的本质，就像发现童年珍藏的"藏宝图"原是白纸一样，看似失去宝物，实则获得的是在整片大地上自由探寻的机会。这种觉醒并不是在否定生活，而是让我们不再带有"自我"的滤镜看世界，让每一刻都成为鲜活的生命对话。

我们的大脑分左脑和右脑，左脑分管逻辑分析、推理、数学、书面语言、口语、科学研究，相当于电脑的软件；右脑分管储存信息、洞察力、想象力、感受、艺术鉴赏，相当于电脑的硬件，负责记录信息，也叫潜意识脑。

人类的大脑彼此相连，由于左脑的逻辑分析判断能力过于发达，压制了右脑的潜意识开发，让人类活成了一个局限的我。当我们把左脑的逻辑思维、妄想、分别、执着关掉，直接进入右脑，通过觉知万事万物是连在一起的，可以在宇宙意识海洋里搜索你的所有信息，同时站在第三方宇宙的角度上看待问题，你的生命就变得不一样了。

"我是谁？"这个问题中的"我"其实包含三个我：本我、自我、超我（也叫高我、真我）

（1）本我：本来的那个我，只知道按照快乐原则行事，盲目追求满足带有动物属性的我、原始兽性的我。

（2）自我：按照现实原则行动，既要获得满足，又要避免痛苦，"自我"从哪里来的？其实就是从小到大受父母、学校、社会的教育而产生的"自我"认知的我。比如，动物随地大小便，没有耻辱感。但是，人就不一样，因为人从小受过教育，不能随地大小便，我们的认知里有社会规范，于是产生了自我。

（3）超我：指导"自我"以道德良心自居，去压抑本我的本能冲动。按照至善原则去行动，"超我"就是高维意识、宇宙意识，一物多名而已。

这说明我的大脑不是我，我的身体不是我，真正的我是那个不生不灭、不垢不净、不增不减、本自具足的灵魂中的真我。佛家称之为自性，道家称之为元神，儒家称之为明德，阳明心学称之为良知。看清了宇宙的真相，就是佛家的唯心所现、唯识所变理论，道家的无中生有、道生万物理论，儒家的内圣外王观念，阳明心学的心外无物、心即理的观点。

每个觉悟的人都在专心建设内在工程，让它美好富足而走向高频，内在无明的人还在向外抓取。一个内心秩序混乱、能量羸弱的人，是不可能拥有一个外在美好的现实世界的！

二、我从哪里来

小时候，我们就常拉着妈妈的衣角不断追问——"我从哪里来"。那时候，只是受到鸡蛋从鸡屁股里滚出来，小草从地里钻出来的启发，便想知道自己是从什么地方来的，并没有追问人生的念头。具体从哪个地方来，妈妈选择避羞敷衍，今天告诉你是从天上掉下来的，明天告诉你是从她的腋窝下取出来的。突然你又问妈妈："人为什么要死？"妈妈就瞪着大眼呵斥你："小孩子不许乱说话！"就这样，你混混沌沌地吃喝玩乐，渐渐忘记了这些问题，长大后却在不经意间明白了。你又何曾想到，自认为已经长大的你，却莫名其妙地提出这个问题来了，而且多了一个问题，"我为什么活着"。这时你本该庆幸，有很多人愿意告诉你五花八门的答案，可你却不认同，苦苦思考，不停地去追问。

等你走进社会，面对着实实在在的生存问题时，这些问题就又被搁置到一旁,只是它时不时地从心底处冒出来,又被你懒懒地按下了去。或许,你终生找不到一个满意的答案。

  约在40亿年前的原始地球大气中,存在甲烷、氨气、氢气和海洋水蒸气等还原性气体。雷电放电提供的高能环境促使空气中这些无机分子发生化学反应,合成了氨基酸等有机小分子。1953年,米勒·尤里实验模拟早期地球闪电条件,成功从无机物中合成了11种氨基酸,包括生命所需的甘氨酸、丙氨酸等。这种机制为生命的化学进化提供了物质基础。从氨基酸到生命大分子的演化,氨基酸在海洋中逐渐浓缩,通过脱水缩合形成蛋白质,同时其他有机分子(如核苷酸)结合成核酸。证据显示,雷电可能还促进了RNA的生成,这类分子被认为是最早具备自我复制能力的生命形式。实验室模拟表明,有机分子可进一步聚合成肽链和多糖类物质,最终形成类细胞膜结构。通过自然选择演化出多样化生命形式(见图十二)。

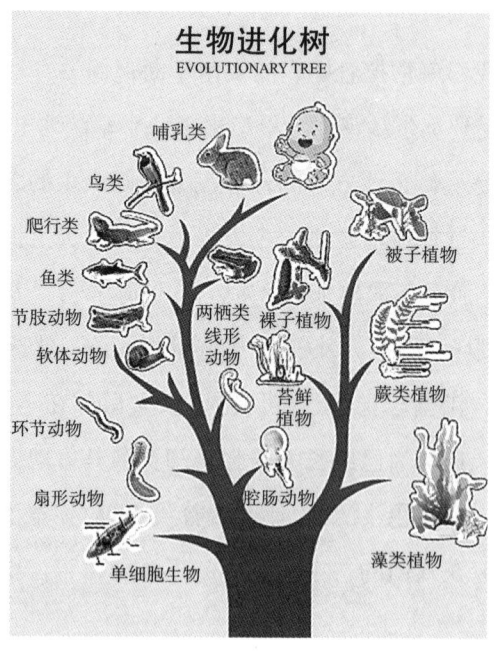

图十二

"我"是怎么来的呢？科学家做过一则试验：婴儿刚出生后，给他照镜子，同时在他脸上画东西，婴儿看着镜子不会有任何反应，因为这时婴儿没有自我意识。如果在婴儿3个月大时，再拿笔往婴儿脸上画东西，婴儿看着镜子中的自己，你画哪儿他就会用手摸哪儿，证明这时婴儿已经产生了自我意识，有了"我"的概念。人一旦有了"我"的概念，就有生老病死、生死轮回的问题。

人出生时有了身体，身体会有各种各样的感受，比如冷、热、酸、胀、痛……有这些感受，心里会产生两种反应：一种是舒服，另一种是不舒服。感到舒服就会产生贪爱，感到不舒服就会哭闹从而产生厌恶。反复的舒服和不舒服，慢慢就形成了一种记忆，有了记忆以后就产生了"我"的概念，所以"我"是一堆信念组成的思维模式。

打个比喻，真正的"我"是一片大海，但是我们出生了以后，产生各种各样的感受，形成记忆以后，我们的认知把自己局限成一朵浪花，活成了皮肤之内的感受是"我"，这其实是活在颠倒梦想里。

比如，别人有一部很贵的手机，不小心掉地上摔碎了，我几乎没有任何感受。但是，如果这部手机是我的，掉地上摔碎了，我就会很心疼。一旦任何东西和我们牵扯上关系，就牵动着我们所有的喜怒哀乐，所以我们往往活成一个"小我"。在"小我"的视角里，我们感受到了所有的痛苦。当你知道生命的真相，从"小我"逐步走出来，走向一个"大我"，最后到"无我"，就收获了满满的爱。这就是我们生而为人的终极目的。

如果我们的心胸像一个杯子，将一把盐放入其中，水就变得很咸；如果我们把心胸扩大成一只桶，咸味就很淡了，再扩大成一片湖，那一把盐就没有任何味道了。这就是我们生命的实相。

所以，你但凡有"我"的执念的时候，就解脱不了。比如，我是男人，就代表我不是女人；我是中国人，就代表我不是美国人。但凡有一个"我"是什么，背后就有一个"我"不是什么。我们在自己的大脑里插上一根一根栏杆，把自己框起来，成为意识的囚徒。框起来的就是一个"我"，所以修心就是把我们的"自我"意识扩大，把一根一根的栏杆与标签慢慢撤掉，我们称之为"破我执"，儒家称之为"消融自我"，西方哲学称之为"删除坚固的自我认同"。所以，条条大路通罗马，不管任何学问，深入学习都会让我们回到生命本源，就像一个电影明星出家时所说的"我不是出家，我是回家"。

三、人为什么活着

人活着为什么？我不是哲学家，说不出太多富有哲理的话，我只能从光怪陆离的现实角度去追问、去探求。

是为了金钱？古人早就得出了大家公认的结论：钱是身外之物，生不带来，死不带去。是啊！屋大只睡一张床，肚大只容一升米，富可敌国的猗顿闭眼了，烧蜡为炊的石崇蹬脚了。到头来，不过是南柯一梦。是为了亲情、友情、爱情？百年之后，音容杳无，情归何处？是为了功名？建功立业，光宗耀祖，为民族争光，为国家效劳，现实人生在努力追求着。但是家能永远延续吗？国家能永世长存吗？君不见奋六世之余烈而建起的秦王朝于11年而亡，煌煌汉唐各自也只撑了二三百年，横扫宇内的元帝国最终守不住开拓的疆土，楼兰古国去哪里了？罗马帝国在何处？土耳其帝国又在哪里？现在的世界又最终归向何方？谁也回答不了。看着这世界上的一批批植物一天又一天绝迹，一群群动物一年又一年灭绝，高山化为丘陵，沧海变桑田，想想我们人类，我们的地球，是否能逃脱大自然万物终归消亡的命运呢？

以上所言，实乃俗套。曹雪芹一首《好了歌》道出了人生终极真义：世人都晓神仙好，唯有功名忘不了；古今将相在何方？荒冢一堆草没了。世人都晓神仙好，只有金银忘不了；终朝只恨聚无多，等到多时眼闭了。世人都晓神仙好，只有娇妻忘不了；君生日日说恩情，君死又随人去了。世人都晓神仙好，只有儿孙忘不了；痴心父母古来多，孝顺儿孙谁见了？至于他的"陋室空堂，当年笏满床"一段，更是道破人生玄机：陋室空堂，当年笏满床；衰草枯杨，曾为歌舞场。蛛丝儿结满雕梁，绿纱今又糊在蓬窗上。说什么脂正浓，粉正香，如何两鬓又成霜？昨日黄土陇头埋白骨，今宵红绡帐底卧鸳鸯。金满箱，银满箱，展眼乞丐人皆谤。正叹他人命不长，哪知自己归来丧！训有方，保不定日后作强梁。择膏粱，谁承望流落烟花巷！因嫌纱帽小，致使锁枷扛；昨怜破袄寒，今嫌紫蟒长；乱哄哄你方唱罢我登场，反认他乡是故乡。甚荒唐，到头来都是为他人作嫁衣裳！

有人会说："人生的意义在于过程，不在于结果。"我并不反对这句话，那是现世人生的意义。但我要问，意义的意义是什么？人生的终极意义是什么？

人活在世上，头顶苍天，脚踏黄土，并不比蚂蚁高贵多少，也不比猴子聪明多少，和它们一样，只是万物的一分子。只有时间是永恒的，万事万物都必然归于消亡。人类所创造的一切，可能最终都归于乌有。

"人生天地之间，如白驹过隙，倏忽而已。"人的生命短暂得不如一滴檐水。上天给了你一副好牙和一个健胃，让你为之劳碌一生。可是你苦苦经营一生，生命灭亡之时，正是自己的经营成果消亡之际，纵使它们暂时还留存世上。

那该怎样活下去呢？出于人的求生欲望，不，出于生物的求生欲望，每个人都希望愉快地走完这个过程，当生命终了从而过完这没有意义的生命。于是，人们就为人生设定意义，赋予它意义，这就是现世人生的意义。虽然这意义最终也归于无意义，然而这样却使人生一下子变换出五彩颜色，一下子出现了无穷的希望，于是每个人都在为这个没有意义的希望活下去，与天斗，与地斗，与人斗，而觉得其乐无穷。最后还觉得生命太短促了，喃喃地发出"活着多么有意思啊"的感叹！

有的人认为人生的终极意义为虚无，在经历了人世冷暖、艰难苦恨、富贵荣华，获得世人称赞"活得有意义"之后，而选择了玩世不恭或遁入空门，或选择提前离开这个世界。庄子为妻子的死箕踞而坐，鼓盆而歌，音乐家李叔同出家念起经来；陶朱公范蠡散尽巨富隐逸而终；欧洲中世纪哲学家奥古斯丁抛弃情人和未婚妻，做了修道士；国学大师王国维留下一句"五十只欠一死"的遗言后跳湖自尽；诺贝尔文学奖得主日本作家川端康成关上门户，吸入煤气自杀；美国作家杰克伦敦服毒自杀……

很多普通人都活在没有智慧的无明中，直到苦难唤醒他觉悟！通俗来讲，"觉悟"就是带着觉知生活；深入点讲，"觉悟"就是突破所有心智思维的局限，没有了任何条条框框的束缚，无限自由；从玄一点视角来讲，"觉悟"就是一种处于这个世界，又凌驾于这个世界之上的更超越的生活态度，那时认知到自己存在的本身就是完美具足。

四、生命的真相

一般人不知道生命是如何起源的，也不了解人生、宇宙的真相，更不知道智慧和思想是从何而来的。当一个人明了宇宙、生命的真相并实证后，他就会觉悟。

大千世界，芸芸众生，物类繁多，这些宏观物质究竟是由什么构成的呢？

老子证悟了宇宙与生命的真相，认为万物，包括人，是连在一起的一个完整的生命，他说"道生一，一生二，二生三，三生万物"。"一"怎么能生出"二"呢？"二"又怎么能生出"三"呢？"三"又怎么能生出万物呢？其实古代的"生"字是"含"的意思，宇宙是一个完整的生命，这个生命里含着阴阳两种东西，也就是含着物质和精神。这两种东西里还含着第三个东西，这个"三"就是太极图中的S线，它既不是阴也不是阳，既不是物质也不是精神，它是阴阳（物质与精神）中间的临界点。三生万物，意思是万物里都有这三个东西，即阴、阳、临界点。

爱因斯坦的"相对论"认为，物体通过改变运行速度可以从现在进入未来，也可以回到过去。所以，他得出了"过去、现在、未来"同时存在的结论。在比夸克还微小的层面看，宇宙万物是连在一起的同一个东西，是没有时间、没有生死的。

量子物理学已经有了惊人的发现，我们看到的世界实相都只是粒子的不同组成，而所有粒子的组成，都只是能量，只是不同形态的场。亲爱的读者，让我换一个说法，你看到的一切都只是能量场，你自己的身体也是能量场，你的思维、情绪也是能量场，因此你的信念就可以决定你的世界是以什么形态呈现。你，正在决定你的命运！

生命的真相就是，我们每个人都是宇宙这个完整的大生命中的一个细胞。

以前看电影或电视，常常为男女主角因为人生遇到重大挫折或极大痛苦，于是看破红尘而遁入空门，青衣孤灯，了却残生的影视情节而唏嘘不已，但当我真正地去深入寺庙体验生活时，才发现真正的出家人活得是多么快乐与充实，因为他们早就认知到生命的真相。

万事万物对我们没有任何影响，但我们对万事万物的观念一直影响着我们。

生命中的每件事都不是无缘无故地发生的，都是让你认识爱，了解爱，发现爱，成为爱，传递爱！爱是回家唯一的路，觉知是唯一的路灯。

五、生命的终极意义

很多人认为我说的这些太不接地气，而他们所谓的接地气就是赚了多少钱、开什么样的车、住多大的房。如果你没有得到上述那些，就被认为是个废物！

但他们不理解，凡属于高贵的灵魂，最重要的是认识自己，活成自己。在探索的过程中会有挫折、失败、迷茫，也可能会一穷二白，没有上述那些结果。

王小波说："我来这个世界，不是为了繁衍后代。而是来看花怎么开，水怎么流。太阳怎么升起，夕阳何时落下。我活在世上，无非想要明白些道理，遇见些有趣的事。生命是一场偶然，我在其中寻找因果。"

成长就是与这个世界讲和，接受自己的不完美，也接受别人的不完美。愿每一个生命勇敢地活出自己，活出富贵。富是心灵丰富，心中无缺，贵是尊贵，受人尊敬，而不是在无明中活成金钱的奴隶。

生命的意义是什么？通过体验，理解自己，完成自己，成为自己！

生命的意义是什么？学习爱，活成爱，传递爱。爱是觉知，一个人不在觉知中改变，就一定在习气中轮回！

生命的意义是什么？活明白我是谁！

怎么知道我是谁？简单来讲，就是通过苦，认识爱！

感恩每一个伤害过自己的人，化成我们最不喜欢的样子，来帮我们认识爱，理解爱，学习爱，活成爱，回到生命源头的家。

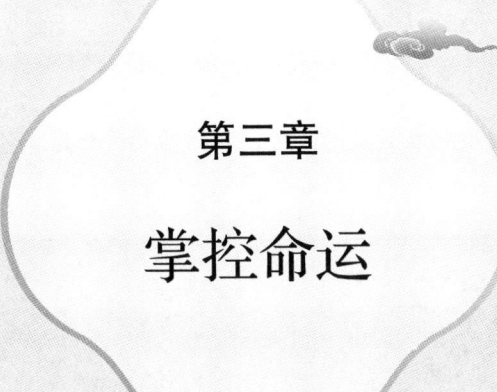

第三章

掌控命运

> 我知道我将在云端的某处,和我的命运相逢。
>
> ——叶芝

一、运由己造

古语云:命由天定,运由己造。表示一个人的"命"是与生俱来的,而"运"呢?则是一个人一生的行程轨迹。这句话也同时表明自己把握的只能是运,就是自己的路怎样去走,而与生俱来的天分和部分条件则是不可改变的,合二为一就是一个人的命运。

命运到底是否可以由人来掌握呢?答案是肯定的,但是这个答案并不完全。因为虽然我们可以掌握自己的道路,改变自己的心态,影响自己甚至自己身边的人的命运,但是别人同样影响着你,也就是人们在命运的洪流中交互渗透。从本质上说,我们对命运改变不了什么,可是我们又确确实实改变了命运,只是改变的是命运大海中那点点的浪花而已。

命运掌握在自己的手里,只要你自己想改变命运,那么就没有人能主宰你的命运,只有你自己可以,关键是你肯不肯改变它。

在中国古代,孔子就主张"知命","不知命无以为君子"。墨子主张"非命",反对所谓"命中注定"之说。明清之际的王夫之提出"造命",认为人只要认识和遵循事物的必然性,就可以主宰命运。

丰臣秀吉在其地位卑微时,曾经让看相的人看了自己的手相。看相人说:"你的手相不太好,不能大富大贵。"丰臣秀吉非常生气,立刻拿出刀在自己手掌上划了几刀,说:"这样又会怎样?"用刀改写自己的"命运线",决心改变自己所谓"注定"的命运。一段时间后,丰臣秀吉起先在松下氏那里工作,后来又换到信长那里做事。他专门替信长提草鞋,身份相当卑微。因为他很想接近将来可能很有希望掌权的信长,所以不管什么事情都能替信长做得很好。最终丰臣秀吉从一个童仆成功地得到了当时的天下,成了日本的权臣。

确实丰臣秀吉是幸运的,但他的幸运恰恰来自内心的自我肯定,"不放弃,不气馁"的信念让他多了一份从容。其实,换个角度想想,我们的人生又何尝不是如此?漫漫人生路,有谁能说自己是簇拥着一路鲜花,一路在阳光的沐浴下走过来的?又有谁能够放言自己以后不会再遭到挫折和打击?我们没有看到成功的背后往往布满了荆棘和激流险滩!如果因为一时的受挫就轻易地退出"战场",只能是半途而废,到头来懊悔的是你自己;如果总是因为害怕失败而丢掉前行的勇气,就永远不会追求到心中的梦想,正如那首歌中所唱的"阳光总在风雨后"。命运对每个人都是公平的,抱怨自己的命不好,怨天,怨地,怨人,怨生不逢时都是徒劳。

自己的命运要靠自己来把握,所有成功者都是自己命运的主人。翻阅成功人的奋斗史,我们会发现他们都是善于把握自己的命运的人,从自我做起,不断超越自己,最终成为强者。了解了命运的含义,就得承认命运的存在。

有些人不相信命运,认为"人定胜天",自己的命运完全由自己掌握,这是一种狂妄的观念。俗话说"人不可以与命争",每个人都应当"安于义命,顺受其正"。人的力量与大自然相比,简直太渺小了。人类历经几百年辛辛苦苦建立的文明,顷刻之间大自然就能将其摧毁。1976年7月爆发的唐山大地震,大自然将这座百万人口的城市瞬间夷为平地,24万条生命被夺走,真是惨不忍睹!1995年爆发的神户大地震,不到一分钟的时间,大自然就将这座美丽的城市摧毁,5000多条生命被夺走,日本的科技不能说不发达,他们为什么战胜不了大自然的威力?工厂可以生产出飞机,实现了人类想飞的梦想,但是却不能让人类长出翅膀,像鸟儿一样自由地飞翔。工厂可以生产出各式各样的产品,但与大自然这个"工厂"相比,却逊色得多,大自然创造了万物并赋予了它们生命,没听说哪个工厂能生产出一个有血有肉、有思想、活蹦乱跳的猴子。人的力量阻挡不了日月的起落,改变不了春夏秋冬的交替。世间万物的生杀之权,都掌握在大自然的手里,大自然赋予万物生命,也会夺走万物生命,正是这样,才使万物周而复始得以延续。人类只有把握自然规律,顺应自然,才能更好地生存,任何违背自然规律的做法都会受到大自然的惩罚。

二、认识你自己

承认了命运的存在,就要了解自己的命运,也就是要认识自己,知道自己的长处与短处,选择适合自己的职业,这样才能取得最佳发展,实现自身的价值所在。还得知道自己的运气,什么时候走好运,什么时候走厄运,走好运的时候可以大展宏图,走厄运的时候需要小心谨慎,规避风险。这就好比种庄稼,春天播种,秋天收获,就能有个好收成,相反,如果冬天播种,历经寒冬的摧残,春天会有好的收成吗?而要对自己的命运有全面了解,要在专业的命理工作者的帮助下才能做到，这就是算命的必要性。孔圣人说过"不知命无以为君子""君子乐天知命，故不忧"。

"认识你自己！"这是铭刻在希腊圣城德尔斐神殿上的著名箴言，希腊和后来的哲学家常引用这句话来规劝世人。对这句箴言可做三种理解。第一种理解是，人要有自知之明。就是人应该知道自己的限度。希腊人大抵也是这样理解的。有人问泰勒斯，什么是最困难之事，他回答："认识你自己。"接着的问题：什么是最容易之事？他回答："给别人提建议。"这位最早的哲人显然是在讽刺世人，世上有自知之明者寥寥无几，好为人师者比比皆是。看来苏格拉底领会了箴言的真谛，他认识自己的结果是知道自己一无所知，为此受到了德尔斐神谕的最高赞扬，被称作是全希腊最智慧的人。

第二种理解是，每个人身上都藏着世界的秘密，因此，都可以通过认识自己来认识世界。在希腊哲学家中，好像只有晦涩哲人赫拉克利特接近了这个意思。他说："我探寻过我自己。"还说，他的哲学仅是"向自己学习"的产物。不说认识世界，至少就认识人性而言，每个人在自己身上的确都有着丰富的素材，可惜大多被浪费掉了。事实上，从古至今，一切伟大的人性认识者都是真诚的反省者，他们无情地把自己当作标本，反而对人性有了深刻而同情的理解。

第三种理解是，每个人都是一个独一无二的个体，都应该认识自己独特的禀赋和价值，从而实现自我，真正成为自己。

在定义上，可以把"认识你自己"理解为认识你的最内在的自我，那个使你之所以成为你的核心和根源。认识了这个东西，你就心中有数了，知道怎样的生活才是合乎你的本性的，你究竟应该要什么和可以要什么。

然而，最内在的自我必定也是最隐蔽的，怎样才能认识它呢？各种宗教都有静修内观的功夫，对一般人来说，那毕竟玄了一点。而且，内观的对象其实不是上述意义的自我,而是这个自我背后的东西。

事实上,我们平时做事和与人相处,那个最内在的自我始终是在表态的,只是往往不被我们留意罢了。那么,让我们留意,做什么事,与什么人相处,我们发自内心深处感到喜悦,或者相反,感到厌恶,那便是最内在的自我在表态。就此而论,知道自己最深刻的好恶就是认识自我,而一个人在这个世界上倘若有了自己真正钟爱的事和人,就可以算是在实现自我了。

三、人为什么不幸福

为什么很多人活得不幸福,这就要讲到人格的形成。

我们常说,三岁看大,七岁看老。"三岁看大",是说成年人的性格基本上在三岁之前就已经定型,三岁之后变化不大;所谓"七岁看老"是指一个人在七岁时,他的心智模式已经形成,七岁之后,基本上就难以重新塑造了。

1. 第一阶段:1周岁以前——信任与不信任的形成

孩子的需要或行为:

(1)肚饿——被喂食物。

(2)受惊——被拥抱。

(3)哭泣——被拥抱。

这时孩子的需要未能从家长那里得到满足,长大后可能会出现以下的个性特征:

(1)异乎寻常地害怕被遗弃。

(2)拼命地寻找一个依赖的对象。

(3)需要别人照顾。

(4)不能信任任何人。

（5）有执狂症的倾向，如暴饮暴食，或过分地需要别人的夸奖。

2. 第二阶段：2岁~3岁——自主与自卑的形成

这时孩子的需要和行为：孩子开始学习如何控制自己的生理机能，注意到身体的能力及限制（如控制大小便）。

孩子的需要得到满足，受到家长支持及尊重，他会获得充满自主能力的感觉，觉得他自己对这个世界有一份影响力。若家长未能满足孩子的需要，孩子在成长过程中得不到鼓励，或受到恶意的批评及嘲笑，尤其是在他尝试学习如何控制大小便的过程中，尿床了，然后受到批评或训斥，他很容易产生自卑和羞愧的感受。

孩子的需要未能从家长那里得到满足，长大后可能会出现以下的个性特征：

（1）经常觉得自卑、无用及不可爱。

（2）不相信自己在世界上有存在的理由。

（3）把自己塑造成一个必须依靠别人的人。

（4）经常做出不恰当的道歉。

3. 第三阶段：4岁~5岁——主动与怯懦的形成

孩子的需要或行为：

（1）喜欢幻想、创造及按照自己的主意行事。

（2）发展出主动性。

孩子的需要得到满足，受到家长的支持，他会常常说出他的想法，表达他的情绪，并且他会发展出一份健康的好奇心。若家长未能满足孩子的需要，家长不支持他，反而因他做出的尝试而处罚他，他会觉得内疚、有犯罪感，因而停止他的主动性，或者秘密地进行。

孩子的需要未能从家长那里得到满足，长大后可能会出现以下的个性特征：

（1）害怕犯错。

（2）感到无助及内疚。

（3）逃避责任。

（4）隐瞒错误。

（5）不能认识或表达内心的感受。

（6）害怕说出内心的事情。

（7）对感情关系负上过分的责任。

（8）不断地去讨好别人。

人格的形成和原生家庭密不可分。原生家庭即我们从小成长的家庭环境，对个体的心理发展、人格塑造和人际关系模式的形成有着深远的影响。然而，当原生家庭中存在情感忽视、虐待、过度控制、价值观冲突等问题时，这种成长环境可能成为一种隐形的创伤，甚至导致长期的心理伤害。以下是关于原生家庭伤害的深入解析：

1. 原生家庭伤害的常见表现形式

（1）情感忽视

父母长期冷漠、缺乏共情，导致孩子感到孤独，不被重视。例如：孩子生病时父母只关注"是否耽误学习"，而非关心身体痛苦。

（2）言语暴力与贬低

通过贬损性语言否定孩子的价值（如"你就是废物""没人会在乎你"）。这种伤害会内化为自我攻击，形成低自尊和完美主义倾向。

（3）过度控制与压抑

强制孩子服从规则，压制其独立性（如干涉交友、职业选择），可能导致成年后缺乏自主决策的能力，或出现逆反心理。

（4）家庭矛盾与不稳定

父母频繁争吵、离异，或一方情绪极端（如酗酒、家暴），孩子会陷入焦虑，认为"家庭是危险的"，难以建立信任关系。

（5）角色错位与边界混乱

例如：父母将孩子当作情感垃圾桶，或让孩子替代伴侣的角色（如"小棉袄"），这会导致孩子成年后难以区分自我需求与他人期待。

2.原生家庭伤害对人格的潜在影响

（1）安全感缺失

形成不安全型依恋模式（回避型或焦虑型），表现为亲密关系中的敏感多疑或过度依赖。

（2）自我认知扭曲

内化父母的负面评价，形成"我不值得被爱""我必须完美才能被接受"的信念。

（3）情绪调节障碍

长期压抑情绪可能导致成年后易怒、抑郁，或通过逃避、成瘾行为（如赌博、暴食）缓解痛苦。

（4）人际关系模式固化

重复童年时期的互动模式：若被虐待，可能吸引施虐型伴侣，或过度讨好他人；若被忽视，可能回避社交，或通过过度付出换取认可。

3.原生家庭伤害的长期后果

（1）心理健康问题

增加抑郁症、焦虑症、创伤后应激障碍（PTSD）的风险。例如：童年经历家暴的人，成年后患情感障碍的概率显著升高。

（2）职业与人生停滞

因害怕失败或过度追求完美，可能不敢尝试新领域或长期处于低成就状态。

（3）代际传递

未被疗愈的伤害可能通过养育方式传递给下一代（如用同样的方

式对待自己的孩子）。

4. 如何疗愈原生家庭的伤害

（1）认知重构：打破"命运剧本"

意识到伤害是"被动的经历"，而非"自身的缺陷"。通过写日记、心理咨询梳理过去事件，识别哪些是原生家庭的模式，哪些是你主动选择的反应。

（2）建立新的依恋关系

寻找支持性的人际网络（朋友、伴侣），体验被尊重与接纳的感觉。若条件允许，与疗愈导向的心理咨询师建立长期信任关系。

（3）自我关怀与边界感

练习说"不"，保护自己的情绪和精力。通过正念冥想、艺术创作等方式修复内在创伤。

（4）探索"二次创造"的可能性

例如：如果你从小被要求"顺从"，成年后可以刻意培养冒险精神；若父母对你过度严苛，尝试通过志愿服务、教育他人传递温暖。

5. 关于疗愈的关键提醒

疗愈是可能的，但需要时间，改变根深蒂固的模式如同拆解一座积木塔，需耐心与自我宽容。不要急于"原谅父母"：真正的疗愈不依赖于对伤害者的谅解，而是对自己内在伤痛的接纳。警惕"过度补偿"陷阱，例如因童年缺爱而过度恋爱，可能陷入更糟糕的关系循环。

如何疗愈原生家庭的创伤？原生家庭的创伤是指我们儿时与父母相处时形成的固定信念，所以本质上是我们自己的信念在伤害我们。如果小时候没有得到父母充足的爱，我们就会坚信自己不配得、不值得、不敢得。唯一的解药就是学会感恩！

原生家庭的伤害像一把刻刀，但它也赋予了我们重塑自我的力量。许多人在逆境中成长为更坚韧、更具同理心的人。记住，你值得被爱，定义你未来的，不是过去，而是此刻的选择。

四、痛苦的根源

人们遭遇不幸并感到痛苦烦恼，都说是人与生俱来的欲望造成的。于是，人们就不停地仇恨欲望、埋怨欲望，不断地教导和被教导要放下欲望。

而欲望是什么呢？那只不过是一个想要什么的念头。人想要些什么，这有错吗？当然没有。

在我看来，人想要什么同时又不允许自己要什么，那才是错呢。一个念头说："我想要……"另一个念头说："不行……"于是两个念头在你的内心打起架来，常常天人交战。事实上每一个念头的冒出都没有错，但这两个相反的念头打起架来就有问题了。

为什么？因为这会让你感觉痛苦与难受。

在人的内心，每一个念头都是一个率真的小孩，它吵着要这，吵着要那，但它们没有错，它们是天真无邪的小孩。每个单独的念头本身从来都不是我们的问题，问题是，一个念头在内心对另一个念头的指责、批评、对抗等会产生冲突。

如果那些念头在你心里面像安静的士兵一样，排着队，一个一个地来了，又一个接一个地走了，如果它们经过你像经过安静的城市，它们不打架，不争吵，不战争，那这会有什么问题呢？如果念头像河中的波涛，念念相续，波波流过，念头不会造成什么问题。造就我们痛苦的不是单个念头，而是一个念头对另一个念头的阻抗，一个念头对另一个念头的过不去。

什么是"我执"？坚持对一个念头的相信、死抓着不放，那就是"我执"。因为从过去的某一刻开始，你就对那个念头深信不疑了。

那个念头意味着什么，对你有什么意义，是你执着的源头。

因此，造成"我执"的原因不是欲望，不是恐惧，不是贪求，而是你对那念头的"相信"。没有你深度的相信，就没有"我执"。

你为什么会深度相信那个念头呢？因为你从没有考察、了解、觉知过它，这就是"无明"。

没有觉知才是你心中的"无明"持续存在的因，一旦你有了觉知，"无明"就将退去，犹如太阳照耀，黑暗会退去一样。"无明"是因为无觉知，无觉知是造成"我执"的根本原因。

但造成"我执"的最直接原因是你认死理般地、固执地坚持相信一个念头。这说明你的心不够开放，智慧不够。你总是站在一个点（念头）上，朝固定的一个方向看去。你从来不会移动你站立的点（念头），你从来不曾想过朝其他的方向看去。这是造成自己"我执"的根本原因。

你在那个点（念头）朝一个方向看去，就是"我的认为"，"我的角度"。因为你从来没有出离开过我的角度、人的角度，没跳出过"我"的认为、"人"的认为，所以你才产生了强烈的"我执"！你的心从来没有向四面八方打开过，只朝某个方向看是"我执"原因之一。

五、如何改变命运

每一个人既然都被各自的命运笼罩着，是不是就要任由命运摆布呢？答案显然是否定的。任由命运摆布显然是一种消极的宿命论调，是一种错误的认知。一个人的既定命运虽然不可以彻底地改变，但在局部上是可以改善的。我们虽然阻止不了严冬的来临，但我们可以利用塑料大棚，在冬天里也能种出各种蔬菜。我们人类虽然长不出翅膀，但可以借助飞机来实现高飞的梦想。从事命理工作的人，就好比医生，运用命理学的理论对一个人的命运进行诊断，诊断出病情后就用适当的药物进行对治，这也是改善命运的一种途径。

一个人改变命运的途径就在于从根本上改变自己的行为、言语和思想。那么什么才是正确的行为、言语和思想呢？

有一个放诸四海皆准的分辨善恶的方法，即任何行为，若会伤害到他人或是干扰到他人的安详和谐，就是不善的行为，也就是恶行；而任何可以帮助到他人、令他人安详和谐的行为，就是善的行为，也就是善行。具体来说，要做到诸恶莫作要求我们做到下面几点：

1. 正当的言语

说话必须纯洁有益，纯洁要靠去除不净来达成，因此首先要了解，不净的言语是由什么组成的。不净的言语包括：

（1）说谎，也就是言过其实，或是隐瞒真相；

（2）搬弄是非；

（3）背后中伤以及诽谤他人；

（4）说话尖酸刻薄，令人痛苦不堪且对人毫无益处；

（5）无意义的飞短流长，浪费自己及他人的时间。

只要戒除这些不净的妄语，那么所说的自然就是"正语"。修持正语的人，说话诚实坦白、正直可靠，化解争端、促进团结；以和谐为乐，以和谐为贵，舌灿莲花，制造和谐的气氛；用词柔和、悦耳、仁慈、温柔、有礼、合宜；根据事实、权衡轻重、遵循法理，在恰当的时机才开口说话；所言皆值得传颂、合时合理、谨慎恰当、振奋人心。

2. 正当的行为

行为也必须清净。我们必须了解何者构成不清净的行为，如此才可戒除它们。不清净的行为包括：

（1）杀生；

（2）偷盗；

（3）不当的性行为，如强暴或通奸；

（4）饮酒而神思恍惚，不知道自己说了或做了什么。

只要避免这四种不当的行为，所做的自然就是正当、有益的行为了。行正业的人，干戈不兴，避免伤害任何生命；充满慈爱，为众生谋福；光明磊落，清净地过活。

对一般人而言，一定要持守五戒，也就是：

（1）戒杀生；

（2）戒偷盗；

（3）戒邪淫；

（4）戒妄语；

（5）戒酒、戒除麻醉品。

五戒是道德行为的基本要求。

3.正当的谋生

每个人都应该有正当的谋生方法。首先，谋生的方法不可以触犯五戒，因为犯了五戒的行为，很明显地会给他人带来伤害。更进一步来说，谋生的方法也不可以促使他人犯五戒，因为这样也同样会给他人带来伤害。无论直接或间接，我们的谋生方法都不该伤害到众生。开设赌场可以获得暴利，但是所有去赌博的人，都是在伤害自己；贩卖有毒药剂、军火武器、炸药、炸弹、导弹等也许是一本万利，但它却破坏了和平，陷大众于水深火热之中。所以这些行业都不是正当的谋生。

同样，即使所做的工作不会真正伤害他人，但却心存恶念，希望别人受到伤害，那也绝对不是正命。一心希望来场瘟疫以赚大钱的医生，和一个期待饥荒发生能给自己带来好生意的商人，这种心态下的谋生方式就不能称为正当的谋生。

每个人都是社会的一分子，所以我们要努力工作、服务人群，尽我们对社会的责任。同时，因为我们的努力付出，使我们能够获得一些实质的回报，用以维持生活。

我们从事某种工作所得的报酬，是用来维持自己以及家人的生活。若是行有余力，至少应将其中一部分收入回馈给社会，为众生谋福利。所以只要从事的行业，是为了在社会上做一个有用的人，以维持生计，同时帮助众人，那么这份工作就称得上是"正当的谋生"。

4.众善奉行

人世间最宝贵的是什么？答案是善良。而任何可以帮助他人、促进他人安详和谐的行为，就是好的行为，也就是善行。人与人之间，能和谐共处，亲善和睦，全靠缘分。人与人之间，互怨互恨，互相斗争，甚至互相残杀，也是缘分。特别是家庭父子、夫妇、子女、亲戚朋友之间，是否关系良好，幸福快乐，更要讲缘分。缘分能令人幸福欢笑，缘分也能使人悲伤苦恼。因为缘分有善恶，善缘令人喜爱，互相关怀与照顾；恶缘令人憎恨，互相斗争，你死我活。所以说，夫妻关系是缘，或是善缘，或是恶缘，无缘不成夫妇；儿女是"债"，或是讨债，或是还债，无债不来。

5.自净其意

要成就事业，改变人生，有了足够的智慧，什么问题都可以解决。若我们的福德够了，就会有更多的善众来帮忙，更易成就事业和改变人生。

有个故事，唐穆宗长庆二年白居易在杭州做太守，仰慕鸟巢禅师的大名，便入山求见。白居易见到禅师后便说："禅师居的地方太危险了！"这是好意，不想禅师并不领情，反唇相讥道："太守的危险比我更大！"白居易问："弟子位镇江山，哪来的危险？""官职越大，妄念越多，就像柴放到火上，能没危险？"白居易若有所悟。又心有不甘，便问禅师："如何是佛法大义？"佛法大义是说不出来的，白居易问这个问题，也有难为禅师的意思。如果是僧人问这个问题，禅师一定不会正面回答，但白居易是俗界中人，不正面点他不起作用。于是鸟巢禅师便说："诸恶莫作，众善奉行。"白居易一听未免失笑，说："三岁的孩儿也懂这个道理。"鸟巢禅师说："三岁孩儿虽然能懂得，八十岁老翁却做不得！"为什么人总是知易行难？后面会慢慢探讨这个问题。

六、福报从哪里来

一个人的福报从孝敬父母中来！一个人和父亲的关系的好坏决定自己事业的大小，和母亲关系的好坏则决定自己财富的多少！

如果一个人与父亲的关系好，则会得到父系能量的加持，内心就会充满力量，气魄大，格局大，更自信，做事业爆发力强，性格坚毅，所以有助于成就好的事业。如果一个人与母亲的关系好，就会得到母系能量的加持，内心充满爱，因为一个人内心有爱，他就会关注别人的需求，善于关心别人，情商高，满满的爱的流动就会带来源源不断的金钱！如果我们每天和父母多交流，深深地爱父母，自然会生起慈悲心，自然诸事皆顺，平安幸福！

那么如何快速积累福报呢？

我的一位朋友李师兄去寺庙做义工，有一天中午，师父讲法，义工团所有的义工都去听师父讲法，只有李师兄一个人留在厨房洗碗。面对着堆积如山的碗筷，李师兄越洗越生气，越洗越抱怨，怎么大家都没有德行呢？留我一个人在这儿洗这么多碗。这时候寺院的文师父路过，看见以后，默默无闻地走进厨房，陪着李师兄一起洗碗。

文师父问了李师兄一个问题："什么人没有福报？"

李师兄说："不孝顺父母的人没有福报！"

"不对。"

"不懂感恩的人没有福报！"

"不对。"

"没有智慧的人没有福报！"

"不对。"

李师兄说了好多个答案，文师父都说不对，后来李师兄问："那什么人没有福报呢？"

文师父说："死人没有福报，我们活着的人，随时随地都在积累着福报，就像我们在刷碗一样，我们都在积累我们的福报。"

李师兄听完这话以后，感觉自己的心瞬间从地狱到了天堂，面对着堆积如山的碗，越洗越欢喜，越洗越快乐。哇！这洗的不是碗，这洗的是福报呀！所以越干越快乐，越干越喜悦。

你流下的每一滴汗水，变成自己的福报，滋养自己的人生。

鲁米说："伤口是光照进心灵的通道，痛苦是剂唤醒灵魂的良药！"

当自己痛苦时，其实是宇宙送来的礼物，任何不幸的事情的发生都有其目的，并有助于自己，请你先欢喜地接收与接纳，告诉自己，一切都是最好的安排！然后开始向内探索，反问自己"发生这样的事，宇宙想告诉我什么？"

刚开始你可能很难有所领悟，但要耐心一点，烦恼就可以生成菩提！"你今天受的苦，吃的亏，担的责，扛的罪，忍的痛，到最后都会变成光照亮你未来的路。"

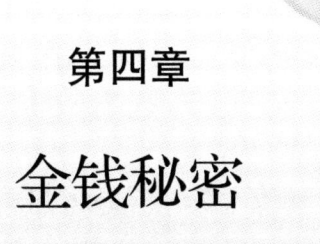

第四章

金钱秘密

> 丧失独立思考是人生一切不幸的核心！

一名记者采访一位亿万富翁讲述自己白手起家的秘诀。

富翁说道："当我穷困潦倒、饥寒交迫的时候，我身上还剩下最后一块钱，于是我用一块钱买了一个脏苹果，用心擦了一个晚上。第二天，把这个苹果拿到市场上去卖了，得到了两块钱。于是我用这两块钱又买了两个脏苹果，晚上又用心擦干净，第三天，我把这两个苹果卖了，得了四块钱，接着我又买了四个脏苹果……"记者兴奋地说："我懂了，你就是这样通过卖苹果而发财的。"富翁说："不，第四天我叔叔死了，我继承了他的所有遗产。"

这则幽默故事告诉我们，不要痴迷于从阅读成功人士的传记中寻找经验，这些书大部分经过了精致的包装，很多重要的事实不会告诉你，例如：比尔·盖茨所写的传记中不会告诉你他母亲是IBM董事，是他母亲促成了他的第一单大生意。巴菲特撰写的书只会告诉你，他8岁就知道去参观纽交所，但不会告诉你是他国会议员的父亲带他去的，是高盛的董事接待的。

千万不要用你一颗天真的心，对这个残酷的现实社会抱有任何幻想！无论你学了多少知识，拥有多少智慧，如果你不能把知识转化为经济价值，那些知识只能是大道理。知识本身并没有力量，只有善于使用知识才会产生力量。

一、金钱是什么

金钱其实是价值交换的媒介物。我们通常所说的金钱包括两个含义，第一个含义，金钱是具有流通手段职能和支付手段职能的一般等价物，第二个含义，金钱是财富的代名词。

金钱可以衡量事物的价值，也为人类的文明做出过重大的贡献，使人类从以物换物的营商手段进步到现代的社会中有股票、地产、金融等公开交易平台，这全是金钱的功劳。金钱虽然对人类有很大的功用，同时也产生出一连串的问题。

在现代社会中，金钱可以说是无处不在的，它早就渗透了人们衣、食、住、行的各个方面。一个人如果没有钱，那么他在社会上就寸步难行；如果他拥有了钱，他就可以得到物质与精神方面的享受。因为钱有这个作用，所以它就有了一种令人疯狂的魔力，被蒙上了一层神秘的面纱。钱，是许多人向往的东西。在有些人眼里，他们认为只要拥有了钱，就能拥有一切，他们认为金钱是万能的，有了钱就必然会享有幸福。

但金钱真是万能的吗？钱真能使人幸福吗？答案是未必，人为财死、鸟为食亡，古今中外，因钱财而早夭、短寿甚至生不如死的金主更是不胜枚举。

当然，"没钱是万万不能的"，这句话也不无道理。有了钱就可以拥有许多自己想要的东西，能建立一个在物质上比较富裕的家庭，也能过上较为舒适的生活。但是，我们的生活绝不是只要拥有丰富的物质就一切美满了，因为幸福的生活除了物质方面的享受之外，精神上的愉快也是必不可少的，甚至更为重要。在我国第二次国内革命战争时期，有些革命青年甘愿放弃优裕的城市生活，到延安去睡土炕，吃小米；中华人民共和国成立初期，许多侨居海外的科学家，舍弃洋房、汽车，回国住集体宿舍，骑自行车，他们的薪金少了，物质生活水平降低了，然而他们却感到更幸福。可见，一个人即使在金钱方面不够富足，但他能为了某种高尚的理想而活着，那么他也会感到幸福与富足。

同时我们也不难理解，金钱也肯定不是万能的。一个人即使拥有很多钱，如果他的精神世界是空虚的，或者在生活中缺少自由，那么他就绝不会感到幸福，有时甚至感受到的是痛苦。《红楼梦》里的贾宝玉生长在一个门第显赫、极为富贵的封建官僚家庭里，过着饭来张口、衣来伸手的安逸而奢华的生活，按理说他是很幸福的，但事实并非如此。他为封建礼教所禁锢，没有自由，因此，他并不幸福。古罗马帝国皇帝尼禄可以说是富甲天下，他是不是一位幸福的人呢？但他的富有、尊贵只使得他兽性大发，弑母戮师，甚至荒唐到火烧罗马城，最后众叛亲离，只得自杀。这说明了金钱与幸福之间并不能画等号。

那么金钱是什么？要我说，金钱是浇花的水，浇得适量，可以使花木茁壮，繁花似锦，花开四季鲜艳夺目，浇得过量，就使得花木连根腐烂。

金钱既是天使，又是魔鬼。挣钱，取之有道时，落入你口袋里的金钱就是天使；取之无道时，落入你口袋里的金钱就是魔鬼。也可以说，金钱一半是天使，一半是魔鬼。满足你正常需要的金钱是天使，满足你欲念膨胀的金钱是魔鬼。或者说，金钱有时是天使，有时是魔鬼。当你靠勤劳聚起金钱时，金钱是天使；当这些金钱成为明日培养庸人的温床时，它便成了魔鬼。金钱使用适度时是天使，金钱过度使用时是魔鬼。金钱正好够用，使你心满意足时，是天使；金钱给你制造一堆麻烦时，便成了魔鬼。

钱能买来食物，却买不来食欲；钱能买来药品，却买不来健康；钱能买来熟人，却买不来朋友；钱能买来奉献，却买不来信赖。我们需要树立正确的金钱观，以使我们的灵魂更纯洁，道德更高尚，境界和智慧更上一层楼，这样我们才能真正地守住财富，安享幸福。

二、金钱的本质

举个极端的例子，假设你现在正和某国商人做生意，出口了很多产品，换回很多这个国家的货币，赚了很多钱。如果突然这个国家发生了政变，新政府宣布，不承认以前的债务债权，废除以前政府发行的货币，改由新政府发新的货币，那你积累的全部这个国家的货币，就变成了废纸。

其实，金钱的本质就是政府的信用。

当你想创业没有本钱时，当你遇到一个好商机苦于没有启动资金时，明白金钱的本质是信用这一点，你就会无中生有，变废为宝，远离贫穷。你只要找到相信你的人，拿出一张白纸，在上面写上"借条"二字，就可以变成真金白银。

我们透过金钱的"魔力"，揭开它那神秘的面纱，就会发现金钱不过是一种商品，如果丧失了那种能够交换商品的能力的话，那么金钱纸币不过是一些废纸，金属币也只不过是一堆破铜烂铁。

对待金钱的态度正确，理解得透彻的人是不会为金钱所控制的。

我们对钱要有一种正确的认识。既不能像晋朝的王夷甫那样把它蔑称为"阿堵物"，连碰也不愿碰它，更不能为它而疯狂，用不正当的手段去获取它。总而言之，我们对钱的正确态度应是"取之有道，用之有度"。

一个人如果给社会提供有价值的服务越多，创造的价值越大，他获得的财富自然也就会越多。

赚钱是为了生活，但生活不是为了赚钱。人应该成为金钱的主人，不是金钱的奴隶。

朋友养了一只狗，去他家玩时，我也常常观察这只狗，发现大家在吃肉包子或烤肉时，狗会有明显的生理反应，它眼睛直勾勾地盯着朋友手里的食物，垂涎三尺。很显然，狗看清了眼前发生的一切，而且没有丝毫的误解，狗的意图很明确，它也很想吃。有一次，狗看到了这样一个场景：一位朋友正在点一沓钞票给它的主人，但是狗的眼里并没放光，嘴里也没流口水，甚至可以说是无动于衷。我心里想，这笔钱可以用来买很多包子或肉骨头，可是狗对钱却一点反应也没有。为什么狗看得懂肉包子与肉骨头，却看不懂可以换来很多肉包子与肉骨头的钞票？很显然，狗只是按照本能来反应，是条件反射，其中的重要原因之一是，肉包子、肉骨头属于物质现象，而钱属于凝聚着人的道德、信用、信仰等密集的人类精神活动的价值现象。

世界上很少有比金钱这个东西更有争议的东西。它是最被渴望的，也是最受诅咒的。在古今中外许多人士的眼里，金钱不仅被看作是物质现象，而且是最极端、最糟糕的物质现象。金钱被看成是最低俗的、最肮脏的东西，甚至是万恶之源。几乎没有人去歌颂金钱，或是把金钱与道德和精神活动联系起来。

在中国，大多数人更是把金钱与贪官和权贵，而不是财富的生产者与创造者联系起来。金钱历来被视为邪恶的源泉，同时金钱又是人们不择手段追求的最高目标。这两种对金钱的态度最能体现中国人人格的巨大分裂，在口头上和在文章里几乎是一致地对金钱进行毫不留情的口诛笔伐，而在私下里却对财富和拥有财富的人充满了艳羡、膜拜之情。贪官们在获取金钱的时候制造了无数的罪恶。最后，他们把自身的罪恶归罪到金钱的诱惑上，然后自己心安理得地逃逸掉道德的悔罪。

《增广贤文》里一直这样教导国人：钱财如粪土，仁义值千金。但是，把这个公式更换一下，如果一堆钱财（即金钱）就是一堆粪土的话，那么仁义就值一千堆粪土（金钱）。一方面，蔑视钱财，一方面又把金钱当作仁义之类的道德高尚物的衡量单位，这不是太自相矛盾了吗？由此可见，人类若不以金钱为等价物，甚至无法贬低或赞扬一个人的德性。

折中一点的人士会说，金钱是个不好不坏的物质现象，它在价值上是中性的。其实，金钱并不是中性的，金钱也不是物质现象，金钱是有道德含量的，金钱属于精神性的。为什么这么说？所谓道德含量，是指其中含有伦理上的权利义务；所谓精神现象，是指这种现象是人的精神活动的产物，只有人能理解，除人之外的动物都不能理解。金钱正是这样一种富含道德价值的精神现象。在历史上，金钱的出现是伴随商品交换出现的。在货币产生之初，人们需要有坚定的信念，才敢用自己辛勤劳动的成果换取一小块金属或一张被称作钱的纸片。因而，货币包含的不仅仅是金子，更是包含了高纯度的道德价值。拿钱币去购物，是一种契约行为。当人们拿着钱去买东西时，他们相信售货者会接受货币作为支付手段，是因为双方对货币都有信心。买方承诺买东西的钱是真的，而且相信卖方一定会收钱给货。卖方收钱，就有义务向买方提供约定的货品。只有富有精神活动的人类才能进行货币交换与买卖。因此，买卖的过程是一个精神活动的过程。就金钱来说，不论一些人多么恨它，它仍然是人类精神活动的结晶。

作为一种富含道德价值的精神现象，金钱是衡量文明的尺度，也是精神文明的象征。通常而言，金钱的多寡与文明的程度成正比，与野蛮的程度成反比；与道德成正比，与强制成反比。正是金钱使得自

愿的交换成为可能。按双方同意的价格交钱交货才是文明的行为。市场不同于战场，是人们自愿互动交换的地方，是免于强制的地方。金钱需要道德来彰显其用途。金钱是正义、富裕与进步的象征。

一般而言，金钱越多的国家越进步。金钱扩大了交易的半径，也就扩大了道德的延长线。说到金钱，人们常常会想到贪官。然而，金钱不是贪官生产出来的，而是每一个财富生产者创造出来的，成为贪官的贪欲对象是金钱的不幸，是财富生产者的不幸，而不是金钱的过错。

一纸金钱，是一纸契约；一纸金钱，是一纸信用；一纸金钱，是一纸信心；一纸金钱，是一纸德性。

三、金钱的哲学

我小时候总渴望自己将来能成为一个大富豪，为了追求成功与财富，我不断地学习与努力工作。

随着所学的东西越来越多，也就更加深刻地理解金钱背后的秘密。金钱表面上是货币是财富，其实它的本质也是一种能量！它是每个人内心爱的能量的外现，你内在有多少爱的能量，外在就会匹配多少财富，这是一个平衡。一旦这个平衡被打破，就会出现德不配位，必有灾殃，《大学》言"德者本也，财者末也"。

据说，一个人一生所赚的钱85%来自人际沟通。生命中所有的问题都是源于自己对自己的爱！一个人只有完全地爱自己，无条件地接纳自己时，才是一个真正自信的人，才能去爱别人，才有能量去影响别人。如果你内心没有爱，你是赚不到钱的，而且也不能承载财富。就像人类很多的疾病其实都是内在情绪的外显一样，可能你不能理解或是不相信，但这确实是真理。

世界上没有任何一件事是偶然发生的，每一件事的发生必有其原因。因果定律是宇宙的根本定律，人的财富当然也遵循这个定律。古希腊哲学家苏格拉底和大科学家牛顿等人，也认为因果定律是宇宙中最根本的定律。一个人的思想、语言和行为，都是"因"，都会产生相应的结果。如果"因"是好的，那么"果"也是好的；如果"因"是坏的，那么"果"也是坏的。人只要有思想有念头，就必然会不断"种因"，至于种"善因"还是"恶因"，也全由人自己决定。被世界称为几何力学之父的威勒博士，他在新物理学上有着卓越的成就，他说："假如没有因果律，宇宙就只有混乱，完全不是我们所知的物理现象了！宇宙中从显微的生物到庞大星云旋系，无论大小，一切运动皆遵守因果定律。"

如果土地里没有种子，无论如何努力地施肥、浇水也不会得到收获，因为没有"因"——也就是种子。任何金钱与财富都根植于"爱"的种子，并按因果定律进一步生根发芽。

所以，做人做事，一定不要亏欠别人，在身、口、意方面，不能伤害他人。"己所不欲，勿施于人。"

人活着不能一味地只是赚钱，其最终目的是贡献社会，既要利己，更要利人，即君子爱财，取之有道。孔子说："富与贵人之所欲也，不以其道得之，不处也。"

命运也可以通过自己行善力量来改变。一个人不断存善念、做善事，就能让他过一个吉祥顺遂的人生。如果做好事后即刻表现出好的结果，也许人们会坚信不疑。但是，某个原因即刻导致某种结果的事情几乎没有，并不一定今天做了好事明日就有好报。而且，像1+1等于2那样，产生结果B的原因一定是A，但因果关系很少以如此明确的方式表现出来。比如当一个人处在命运恶劣时期，即使他做了一点好事，微小的善行依然被强势的命运所抵消，当下并不能给他带来好的果报。同样,当一个人在命运的极佳时期,即使他做了一点坏事,也不会因为这一点恶因就立刻造成恶的果报,这样的事情经常存在。但是一个人的思想、言行作为其结果表现出来还需要相应的时间,在两三年这么短暂的时间里难以看出结果。但是,如果用二三十年这么长的时间跨度来看,原因和结果就会非常吻合。我观察过许许多多人物的盛衰历史,如果用二三十年的时间跨度来看,几乎所有的人都在各自的人生中得到了与日常言行和生活态度相吻合的还报。从长远来看,诚恳而不吝惜善行的人不会永远时运不济,而懒惰、敷衍了事的人不可能荣华一世。做了坏事的人,也许会小人得势,而努力做善事的人,也许会一时命运不济,但随着时间的推移,这些情况将会慢慢得到纠正,终将得到与各自言行或生活态度一致的果报,逐步趋近于与此人心念、言行相称的境遇。原因和结果是如此可以用等号相连,真是令人感到惊讶!

我们好多人都想要发财,想要有福报。这福报也不是凭空来的,于是乎大家都想办法去求财神,因为财神可以赐福。但是实际上个人福报不是财神赐予的,是自己培植出来的。

商业活动萌芽的最初期是交换商品,各取所需,各得其所,皆大欢喜。本质是通过商业活动,达成社会利益与团体利益,使得双方利益最大化。名和利最易让人迷失,从而让我们迷失初心,忘了自己。贪欲让商业变成极端利己,高位让我们放不下自己。一个人如果追着钱跑,钱只会远离他,一个整日算计别人的人,终究是算计到自己。价值与意义是人生永恒的主题,真心爱众生,众生才会真心对待你。

四、金钱的关系

从人际关系的角度来看金钱关系,每个老板都会面临四种关系:

给你钱赚的人，帮你赚钱的人，赚你钱的人，花你钱的人。

第一种给你钱赚的人。这种人是你的客户，关系一般都处理得很好。只不过"无利不往"是商人的本性，出现"有钱对他好，没钱不理睬"的现象也是常有的事。其实在经济寒冬时期，更需要做好客户维系，因为经济周期是一个曲折上升的过程，只有尊重客户的终身价值，企业才能在市场上基业长青。

第二种帮你赚钱的人是你的员工。盛田昭夫曾说："优秀企业的成功，既不是靠什么理论，也不是靠什么计划，更不是靠政府的政策，而是靠人。"1993年，正当经济危机在美国蔓延的时候，哈里逊纺织公司因一场大火化为灰烬。当所有人都在等待破产通告时，董事长宣布向全公司员工继续支薪一个月。第二天，奇迹发生了，员工们纷纷涌向公司，自发地清理废墟、擦洗机器，还有一些人，主动去南方一些州联络被中断的货源。3个月后，哈里逊公司重新运转了起来。现在，哈里逊公司已成为美国最大的纺织品公司，分公司遍布五大洲60多个国家。在萧条时期，只有人才能创造奇迹，所以经济越萧条，企业越要善待员工。

第三种是赚你钱的人。有许多口碑好的企业，不仅是因为讲信用，更重要的是懂得让别人赚钱。社会是个价值链，每个人都是价值链上的一环，有钱大家赚，这个价值链才会和谐。

第四种是花你钱的人。有统计数据表明，中国人一辈子的钱八成是在人生最后的两个月的急救上花掉的。改革开放四十余年，中国人积聚了大量的财富，富人们也开始遭遇到人生最遗憾的事情，人在天堂，钱在银行。真正花你钱的人往往是你的家人和孩子。然而，国人对前三种关系都能处理得好，唯独没能很好地与花你钱的人处理好关系。有些人擅长交际，却忽视了和妻子与子女的交流，而导致夫妻关系越来越冷漠，父子之间的代沟也越来越深，最终与家人形同陌路。

你不能直接从大自然那里赚钱，只能从他人那里赚钱，只能在人间赚钱。所以，赚钱就代表一种人际关系，就是你与他人的关系的反映！你或穷或富，都仅仅代表你在与他人相处中所处的地位而已！你胜过他人（大多数人），你就必然比他们多赚钱，就必然成为富豪；反之，你的钱都被他人赚去了，怎么干也赚不了多少钱，只能成为穷汉。

当然，从另一方面看，你拥有的金钱也正是你自己价值的体现。你没有创造那么大的价值，当然就不会拥有那么多钱，也不该拥有那么多钱。而一个人所具备的智慧也正是其个人价值的核心内容！

当然，在你与他人或与世界的关系中，只要你真正处于优势，就肯定有钱，不会贫穷，而如果处于劣势的话，则只能贫穷甚至潦倒。金钱最鲜明地体现了你与他人的关系！或者说，在与他人的比较中，体现了你的智商之高低！靠巧取豪夺、阴谋诡计或个人特权而占有社会之大量财富，当然都属于发的不义之财。发不义之财者，其实质都是作恶，而依据天道无欺、天道不可违之原理，作恶者必然会有不好的下场，这也是毋庸置疑的。

金钱是永远都不可能做到平均分配的。现在让我再来阐述本文开头的第一句话，我把人与人之间的关系定位为金钱关系，我不认为这是一种消极的看法，同时我也不认为定位为金钱关系有什么不好。一个人的能力大小、智商高低与对家庭有没有责任心，其实只用其所创造的收入这个单一指标就可以去衡量。如果一个人的收入不高，他怎么能给家庭带来更大贡献？当然一个人的收入高低都是相对的，主要还是看此人的能力和其努力的程度。比方说，我们经常说某个人挺聪明，但是事实是这个聪明人所挣的钱并不多，那么我们还能说他够聪明吗？一个人的挣钱能力，也就是他在社会上的生存能力，取决于他的智商、情商、人品、责任心、性格特点，以及此人的交际能力等

"综合能力",而这个"综合能力",才是对一个人的全面价值的衡量。

所以,一个人如果对家庭有责任心,就会想方设法思考怎么样才能多挣钱来改善家人的生活。从这种意义上讲,金钱关系是一种纯洁的、简单的人与人之间的关系。脱离开物质与金钱来谈论所谓"高尚的人际关系",最后只能流于虚伪。各种关系理不顺,制度不对,效率不高等等,归根结底,还是没有认清楚人与人之间的关系的实质就是金钱关系这个道理。

五、金钱的法则

对管理者来说,我们经常讲的一句话是,要用经济手段管理经济,其实无论管什么,经济手段都是管理者所使用的一个非常有效的手段,有时候,金钱法则手段的运用比什么都简单好用。下面这个故事,正好说明"金钱法则"在管理中的妙用。

美国的航空公司在卖飞机票时,往往要比飞机上的座位多卖出一些票,因为一般临到乘机的时候总会有人不来登机,这样就可以提高上座率。但是万一买了票的人都来登机了怎么办呢?人家已经买了票,不能不让他乘机,这时航空公司就会立即召集全体乘客,告诉他们飞机已经超员的情况,如有愿意转乘下一航班的,就给他奖励50美元,若无人响应,则加到100美元,再不行就再往上加钱,一直加到有人愿意为止,这样一来,棘手的问题很快就顺利解决了。

以前,很多人争相学习成功学,现在,很多人在学习《秘密》所谈的吸引力法则,每天都可以实现丰盛、轻而易举的富足等,有些人是确实达到了他们想要的目标,那也是他们的福报所至,而绝大多数人却仍在泥沼中挣扎,没有脱离贫穷的地平线。我发现越是学习这些学说的人,其内在的恐惧就越大,而那些不到处去学习,一心做事的人反而会越来越好，因为他们没有恐惧，专心一处，无事不办。

一般人获得金钱无非是通过工作，为这个社会提供有价值的产品或服务。但并不是所有的工作都能带来丰厚的回报，有福报的人则轻而易举地吸引到金钱，没福报的人举步维艰地追逐着金钱。

有些人生来就是富家子弟，有些人则是出生于贫困家庭。不过一个人的因果是可以转变的，可还是有些思想消极、逃避责任的人，仍会把自己的贫穷与不幸归结到自己的命运上，常暗自感叹"这是命啊"，一句话就给自己画地自限了，而不肯积极奋斗去改变命运。

有些人敏而好学，总是灵感不断，善于抓住机会做出一番事业，而很多人就是不敢尝试，不去奋力一搏，前怕狼后怕虎，优柔寡断，以致穷困潦倒一辈子。

一个人要富有爱心，慈爱为上。譬如有的人并没有好的家庭出身，也没有过人的智慧，但他总能与人为善，爱做好事，舍己为人，乐善好施，正所谓厚德能载物，这样的人总是会好运连连。正如一位修行人所云"一个人的善行决定了今生，也决定了来世的解脱与快乐"，勿以善小而不为，勿以恶小而为之，果报的关键全在一念间，善行是解脱痛苦、获得快乐的唯一途径。

我们要有一颗无我利他的心。一旦你拥有一颗无私的爱心，便拥有了一切，开开心心地做好每一件事情，老天爷会给到你更大的回报，老老实实，开开心心，快快乐乐，欢欢喜喜，任劳任怨，把小我舍弃掉，福报自来，当下自在。殊不知，给予和分享是生命本来的状态，只要你是快乐的，一切会随之而来。

很多人为了谋生，所从事的工作都是迫不得已的，心不甘情不愿地在做事情。还有些人是这山望着那山高，有的人是当一天和尚撞一天钟，甚至有些人痛苦于自己想做什么都不知道，那这样又岂能获得富足的金钱呢？选择一份工作，首先是考虑它能否给自己带来乐趣、带来满足、带来喜悦，是否能够拓展自己的生命，让心灵自由。要能把自己的身、口、意全部交托于这份工作，专心致志。如果一个人连自己的身、口、意都管不住，又怎能管得住金钱呢？

最后，是你从事的这份工作能否为别人、为社会带来所需要的价值，能否为别人提供最好最佳的服务，如果能，那么回报会自然发生，金钱就会流动过来。

一个人做任何事情都是有条件的，如果他做的不是自己喜欢的事情，就会扭曲自己的心灵，生命不会活出本然的状态。如果他做的事情不是独一无二的，不能为别人提供很好的服务，就不会实现它全然的价值。如果一个人只想着回报而工作，心灵一定会感到累，长久下去，自己也会受到伤害。

金钱的本质是爱的流动，只要你提供了有价值的服务，创造出了有价值的产品，别人自然会回馈。带着爱去付出，带着感恩的心来接受，爱的流动就会越来越顺畅！

当我们不知道想做什么，迷茫、纠结于现实与未来之间时，就什么都不做，停下来一段时间，或把你的心事交给大自然，旅行、散步、无为，让思想自己去整合，你的灵感就会迸发，时时刻刻保持觉察，对自己诚实，为自己活着，与别人分享，绽放一种鲜活的意识之花！

人生精力有限，生命有限，应该趁有限的时光，尽快证悟无限的觉性，生死事大，解决了自己存在的意义的问题，一切问题都会解决，就像一位智者所言，如果你觉得自己还有活着的价值，那你就做点什么吧！他信任整个存在，把自己交托给整个存在，因为整个存在无限丰盛，整个存在以一颗纯净的心毫无保留地爱着我们，而我们不肯以一颗纯净的心回报给整个存在。

做一个单纯的人，简单地生活；

做一个快乐的人，开心地生活！

做一个有爱的人，感恩地生活！

做一个无我的人，利他地生活！

我们都想拥有更多金钱，满足欲望也是通向觉醒的道路。当欲望满足的时候，你就会发现，这并不是自己真正想要的，喜乐与爱依然并不恒久存在。这时候，你的新的追寻就会开始，这个追寻将把您引向觉悟的怀抱。

有个说法，人一生要经过四个阶段：财富、享乐、贡献、觉醒。当我们不担忧生活，就会想要快乐，享受生活的富足。享受了生活之后，就会想要利他，为他人和社会做出贡献，而在利他的服务与无我的贡献中，慢慢地就会走向觉醒。

富有和贫穷缘起于念头的不同。当我们的意识提升的时候，丰盛与富足就会显化，就会编织进入宇宙丰足无限的共振中。人和人、行业与行业根本不存在竞争，唯有共同创造、独特展现。

当我们和自己的较高意识融合的时候，意识就得到扩展，观念开始变化，经验也就变化，外在的世界也开始慢慢地显化，变得丰盛富足。

以下分享的是来自老师的教导和我自己的体悟，祝福您从事展现天赋的工作，实现个人的丰盛和世界的丰盛，以及喜悦和富足。

（1）疗愈生命中的关系：关系的不和谐会创造出一种冲突的振动，这将给财富的流动带来障碍。

（2）保持房屋的整洁：外在的环境之间显化内在的实相，清净的内在必然和整洁的外在相呼应。内在清净会带来安全和信任的能量，这会吸引财富。

（3）内在的真实信念：暗示自己，"我值得拥有金钱！自己的工作和服务是有价值的，是值得尊重的！"这样的信念会让工作变得生动起来。

（4）感恩的心：感恩地送出每一分钱，感恩这金钱换来的别人给予的服务与物质，这份带着喜悦、感恩和祝福送出的金钱将超出这份钱的能量。宇宙的平衡法则，将会带给您应得的回流。当我们送出金钱的时候，爱就在流动，这会给每一个人带来丰盛，也给社会带来繁荣。想要财富，就要给予财富。

（5）智慧地运用金钱来造福社会、服务他人，并请您帮助别人提升财富意识。

（6）正向积极的语言：试着用肯定语、正面的语言来创造自己的富足与丰盛。

反复诵读如下文字：

我是丰盛的源头，

我以积极正面的态度散发爱的思想，

我的选择和机会每天都在增加，

我喜爱并信任我的想象力，

我的生命有无限的可能，我能创造我想要的一切，

我活在丰富的宇宙，我总是得到我所需要的每一样东西，

我通过喜悦、活力与自爱为自己创造财富与丰盛，

我时时刻刻都处于天时、地利、人和之中，

每件我所做的事都能荣耀自己，

我总是选择最光明的途径，

我做的每一件事都彰显我的正直和美德。

我是个成功者，我让自己感受成功，

我原谅自己，知道自己已尽力做好一切，

我允许自己，心想事成，

我接受繁荣和富裕进入我的生活，

我所做的每件事都提升我的价值，

我所有的历练都是获得更多力量、明晰与远见的机会，
我送爱给恐惧，恐惧就是我的内在等待被爱的地方，
当我谈论成功与繁盛，我的话语激励并鼓励他人，
我活在一个丰盛富裕的世界，在这个世界里一切美好，
只有最好的事会发生，
我明白自己与日俱增的能力，将创造丰硕的成果，
我所做的每一件事情都带给我活力与成长，
我所创造的每一件事都是自我的完成，
我所创造的比想象中美好，
我集中能量实现我目标，
我吸引金钱与丰盛的能力正在不断增长，
我运用能量来创造，好事总是轻易地降临，
我信任并遵循内在的指引，
我宁静地观照自己并聆听内在的指引，
我拥有价值非凡的才艺和潜能，这是我的天赋财富，
我现在就拥有理想的生活，
我是个受人重视的人，我的决定举足轻重，
我的时间和经历具有非凡的价值，
追求人生真理与完成人生使命是我的第一要务，
我接受并深爱此刻的自己，
我珍视并对我的创意和巧思引以为荣，
我的存款是吸引更多财富的磁石。

我能把握所有的机会并充分利用，
我相信是无限丰盛的信念成就了我丰富的人生，
我选择带给我活力与成长的信念，

我的信念为我带来好运，

我享受丰裕的生活，

我的金钱能量充沛，金钱滚滚而来，

我的能量开展，并畅流于我生活的每个领域，

我总是收入大于支出，

我让自己拥有的比梦想的更多，

宇宙以最完美的方式运作，并总是予我最大的益处，

我知道什么是我衷心喜爱的事并且常常实行，

我带着爱与积极正面的态度做每件事情，

我简单而轻易地创造我想要的一切，

在我追求生命的旅途上，一切供给无虞，

我了解自己并以自己的价值为荣，

我让自己拥有成就一切的可能性，

环绕我的事物反映了我的活力与能量，

我开放心胸去接受一切，

我所给予别人的都是给我自己的礼物，我给得越多回收得越丰富，

我相信每一件事都会在最恰当的时间以最美妙的方式发生，

每一天我的行动都是爱的表现，

我相信宇宙的无限丰盛，只要去做我喜爱的，财富和丰盛便不停地涌向我，

我所做的每件事都为宇宙增添美丽、和谐、秩序与光明，

我对自己的特殊才艺和能力感到自豪并且充分发挥，

我对自己慷慨大方，

我和别人都相信我赚取财富的能力，

我的财富是蓄势待发的能量，等着去创造生活中的美。

我总是被指引而得到更好的解答，

我生活的每一个层面都享有丰硕的收获，

我的富足也带给他人富足，

我总是心想事成，

每一个人的成功都帮助我成功，

我的日子是充满乐趣和有意义的活动，

我的财富替我创造更多的丰盛，喜悦及生命活力，

我选择活出丰硕的人生，

我爱我自己，一切都是最好的安排，

我邀请并开放更美好的事物进入我的生命，

我集中注意力在我喜爱的事物上，并将它吸引到我的生活中。

六、赚钱的境界

著名经济学家厉以宁在一次会议上说，挣钱的"挣"字，是"手"字旁加一个争取的"争"字，这表明财富是要脚踏实地、花大力气动手去做的；而赚钱的"赚"字，是"贝"字旁加一个兼并重组的"兼"字，"贝"代表财富和资本，赚钱这种模式其实代表的是兼并重组等资本运作。挣钱与赚钱，表面上看是赢取财富的不同路子，其实是指两种完全不同的经营模式。

那么"挣"和"赚"的本质差异究竟在哪里呢？

作为一个打工者，你可能永远只是处于一个在"挣钱"的状态，你只是拼命地工作，也许你有不错的技术，有吃苦的劲头，有健康的身体，你的生活简单而快乐。但你一定会时常感到略有所失，你失去的是什么？成功的快感！当然你会说成功的快感不一定要靠钱来提供，但富人与穷人之间的区别就在于，富人的成功快感更容易延续下去，

因为钱为富人在生活中取得各种成功提供了必要的条件。

"钱之为体,有乾坤之象。内则其方,外则其圆。为世神宝,亲之如兄,字曰孔方。失之则贫弱,得之则富昌。无翼而飞,无足而行,解严毅之颜,开难发之口。……危可使安,死可使活,钱之所去,贵可使贱,生可使杀。"这段话论及钱之妙用如神,而语带谐谑,揶揄笑骂,恣肆酣畅。

人不但应该对自己已有的钱有一个清晰的认识,还应该对未来的财富规模加以确定,以保证成功的顺利实现。

创立"心理创富学"的希尔博士曾揭示出五个赚钱的自我激励的"黄金"步骤。

第一,你要在心里,确定你所希望拥有的财富数字。如果笼统地说"我需要很多很多的钱"是没有用的,你必须确定你渴望得到的财富的具体数额。

第二,实实在在地想好,你愿意付出什么样的努力和多大的代价去换取你所需要的钱,世界上没有不劳而获的事。

第三,确定一个固定的日期,一定要在这个日期之前把你希望得到的钱赚到手,没有时间表,你的船永远不会"泊岸"。

第四,拟定一个实现理想的可行性计划,并马上进行,你要习惯"行动",不能够只沉溺于"空想"。

第五,将以上四点清楚地写下,不可以单靠记忆,一定要白纸黑字。每天两次大声朗诵写下的计划的内容。

这五个黄金步骤中最重要的是第一步和第三步,因为这两步用数字给自己确定了完成财富任务的死命令。尽管人生无常,这样做看起来不切实际,但不少成功人士确实在规定的日期内获得了确定数额的巨大财富。

被称为"亚洲比尔·盖茨"的软银公司创始人孙正义年轻时就曾

订下了"人生50年计划"。当时他在美国,刚19岁,他决心要"当一个企业家"。20多岁时打出旗号,30多岁时存至少1000亿日元资金,40多岁时决一胜负,50多岁时完成自己的事业(营业额规模1兆日元),60多岁把事业传给下一代。孙正义的"人生50年计划"就是这样一个粗线条的内容。虽然没有确定将来从事的行业及致富的办法,但这个计划中的数字却是清清楚楚的,而到了今天,他这个豪壮计划的前三步已经一点折扣都不打地全部完成。可见数字的力量是惊人的。假设他当年没有订下这个看起来有些疯狂的计划,也许就没有今天的软银帝国。

这个世界上有太多的人认为人类赚钱就是为了生存,但实际上有钱人并不这么想,如果仅仅是为了生存,我们这个时代相当多的精英可能根本用不着继续劳碌了。仅仅是为了生存而赚钱,一个人永远也无法成为真正的"有钱人"。

中国香港的巨富们几乎都是出身寒门,他们的成功与生存压力有很大关系。比如霍英东出生于穷苦的水上人家,年轻时当过铁匠、苦力,当苦力时被煤油桶砸断一根手指。但苦难没有使他屈服,他不断激励自己要在艰难中自强,最后终成大业。也许有人说,正是残酷的生存环境造就了他的坚强性格,但是当年与他一起做苦力的人现在都在哪里呢?是不是人人都成了富翁呢?也许他们正在为生存奋斗,但可能永远也不会日进斗金,因为他们的目的只是生存。生活的压力使他们远离梦想,即使有梦想也不敢去追求。

许多人暴富之后持续辛劳的原因自然也非维持生存。穷人看到富人赚了一百万,就想"要是我有这么多钱,就是躺着吃一辈子也够了"。现在网上有不少标题类似于"我的五年计划——如何在40岁前退休享受生活"。这对真正的富豪来说,实在非常可笑。因为他的行为模式、生活方式都与穷人不同。很多富人是从穷人中来的,但不可能再回去,即使他输得精光,倾家荡产,但他的需求和思维仍是富人式的。所以哪怕一无所有，他和一般人仍然不同，他的观念已经改变，他不会丧失信心，他会东山再起。

而穷人每看到一个富人破产了，除了幸灾乐祸，常常都伴随着怡然自得。他常常感叹富人何苦去冒那么大的险，受那么大的罪，"知足常乐呀"一副得道的样子。而富人明白，即使不投资致富也有风险，而且风险是绝对的。

赚钱分三种境界（见图十三），可能很多人都知道。

图十三

第一种小钱，经营性收入。靠出卖自己的时间和劳动换取报酬，也就是我们常说的打工，严格来说是指中低端的打工阶层。

第二种中钱，投资性收入。靠钱生钱，滚雪球的方式赚钱，也就是常见的中小企业老板及短期投资客的赚钱模式，他们提供资金和平台，让钱在流通中倍增，当然不排除没玩好，玩赔了的金主！如房地产投资、股票市场投资、饭店投资、放高利贷、黄金现货投资……全都是一样的！而钱生钱、利滚利的赚钱境界，最关键的一点是你需要有一定的经济基础，也就是你手头上有一定的资金，资金的多少决定了你所做项目的大小和范围。这一点应该很好理解，你要是开家小饭店，有个十万八万足矣；你要是做小额贷款，有个三五十万就可以了；你要是开一家建筑公司，不谈资质要求这些，起码也有个五百万才能行吧！

第三种大钱，融资性收入。靠思想赚钱，也是赚钱的最高境界，他们可能只需要提供一个方案，就可以不动用自己一分钱，把融资投入选定的项目即可创造数以百计的巨额回报。小的融资性收入，比如美容院、健身房、饭店推销的会员储值卡，客户还未消费，已经提前把钱赚到。大的融资性收入，比如私募股权资金等。

七、赚钱核动力

我以前的老板说，他当年创业时，走路的时候，想怎么赚钱；吃饭的时候，想怎么赚钱；睡觉的时候，还是在想怎么赚钱。所以他成了亿万富翁！

财富的背后是激情，激情的背后是热爱，热爱的背后是梦想！

你的环境和结果，是由你的行为创造的，你的行为是由你的能力决定的，你的能力是靠信念、价值观指导的，你的信念和价值观是由你的身份决定的，而你是什么身份，老板或工人或律师或法官或警察……取决于你的梦想（见图十四）！

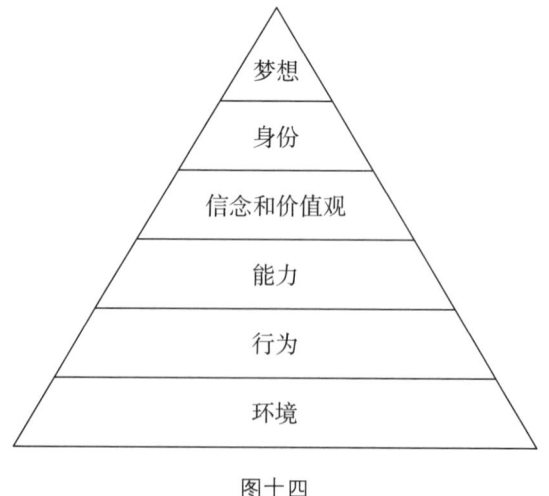

图十四

心中有梦，眼里有光。

找到你魂牵梦绕的梦想……

梦想的本质就是潜意识的反映。你若想成功富有，唯有先在心中建立成功富有的信念，在脑海中看到自己成功富有的模样，然后用行动将思想体现于行动之中。人生就是这样，不管我们是怎样认定自己的，哪怕那种认定是不好的或有害的，最终我们的人生必然会跟着那种认定的感觉走。人们常说的"那种认定的感觉"就是潜意识确定后的信念，如果在你的潜意识中建立积极的正面的信念，并让潜意识完全确认后，你就会朝着这个方向去行动。这样你的物质、精神、健康、财富将指日可待，你会发现你所期望的一切都在不经意间轻松获得。

梦想是助人成功的基石，梦想是催人奋进的动力，梦想是勇往直前的源泉。梦想是生活的延伸和拓展，梦想是人类进步的动力，梦想是创造的源泉，梦想是赚钱的核动力！

第五章

脱胎换脑

> 世界上最大的未开发的地方在你的帽子下面。

一个人财富的增长一定和其智慧的提升成正比。一个人贫穷从表面看来他最缺的是金钱,其实本质上他最缺的是野心,在他的脑袋里最缺的是观念,面对机会时他最缺的是胆量,他的骨子里最缺的是勇气,他在行动上最缺的是坚持,他的性格中最缺的是毅力。

我有一次上财商课,遇到一位口吐莲花、风趣幽默的老师,讲得非常真诚与实在,她先作自我介绍,说自己是做传统食品生意的"起夜家"。为什么是"起夜家"呢?因为她的仓库里积压了一大堆饼干,已经过半年了仍卖不掉,如果再过3个月还是卖不掉的话,就全部过期而要报废了,急得她整宿整宿地睡不着,夜里不得不起来好多次,所以就成了"起夜家"。她讲起自己创业的艰辛与不易,经受过一次次地失败与挫折,在社会底层一直苦苦挣扎。她的遭遇深深地感动了我们每一位听众。现在她通过学习财商课程,而改变了命运,在上海市区花1000多万买了一套三室一厅的大房子,还买了一辆奔驰车,过上了自己想要的生活。她问我们,想不想过更好的生活?不用投资几十万,不用投资几万,只要给自己的大脑投资6800元,就可以改变自己的人生,她说自己已经做到了,她相信我们每一个人也都能做到。

她说:"愿意通过学习改变命运,愿意相信她的请举手。"现场所有人包括我，马上都举手了。她说："恭喜大家成为韭菜！"

她接着问我们谁认识她？有进一步了解她的家庭背景吗？知道她的性格人品吗？仅仅是听了她一个小时的演讲，就冲动地消费了。她说："你们一定要相信，口才比我好的人太多了，而我们生命中很多的痛苦多来自自己决策的失误，所以做任何决定时一定要回归理性，避免因冲动的决定而给自己带来深重的痛苦。"

我们现在终于明白为什么很多人，吃了一亏又一亏，亏亏吃得有体会，上了一当又一当，当当上得不一样，就是因为我们的智慧不足。

一、什么是智慧

1. 什么是智

"智"字拆开来看，左上角的"矢"，是飞行的箭，意味着做事要有的放矢，说明为了解决人们生活中实际的问题，智的追求是有目的地。"智"字用口表达出来而形成知，知下是日，日是太阳，代表光明，意思是清天白日下明明白白地知道。

2. 什么是慧

"慧"字拆开来看，左上角是一个"丰"字，"丰"字中的"三"代表着"天、地、人"这三者，一竖从上贯穿下来，贯通了天、地、人就形成了万事万物；右上角又是一个"丰"字，为什么有两个"丰"字？因为这个世界有一个有形的万事万物，还有一个看不见摸不着的无形的万事万物。一般受过传统教育的人，只了解有形物质所对应的知识，所以是不全面的。正如《孙子兵法》五千言，其实只说了其兵法的30%，还有其中的70%的内容是"口传心授，不立文字"的，只有全面了解"有形物质"和无形无相的东西所对应的知识，才能真正认识到自己在天地之间的定位，掌控自己的命运，借天时、地利、人和，从而得天时、地利、人和。对有形和无形东西的了解，要通过"心"去求得，用心探索之后，这种知识仿佛融化的"雪"一样滋润心房，就形成"慧"。慧就是指灵性慧根。

3. 什么是智慧

智慧的定义是完整而根本，智慧是既能明察一切事物的是非、真假，又是能正确取舍、断除烦恼、解除痛苦的能力。真正的智慧，需要通过用心去求索，向内观察，最后你会发现万化根源总在心，过去、现在、未来皆在你的掌控之中。

譬如，我名叫徐瑞，有的人说我是帅哥，有的人说我是大叔，有的人说我是天才，有的人说我是疯子，有的人说我是赚钱教练，有的人说我是骗钱教练……

那我到底是什么呀？是帅哥，是大叔，是天才，是疯子，是赚钱教练，还是骗钱教练？

不同的人看我有不同的解读，你所看到的我是什么，其实就是你内心的投射而已，是你内心对这个事物贴的一个标签，与这个事物本身无关。

我说你是头驴，你会感到很生气！为什么？因为你自己定义的"驴"代表着愚蠢，代表着动物，所以解读为在侮辱你。但你如果说我是头驴，我却一点也不生气，还感到很高兴，因为我知道，在美国驴是勤劳的象征，美国民主党的党徽就是驴，所以你说我是驴，我就会理解成你是在赞美我。

总之，世上本无事，庸人自扰之。

二、如何获得智慧

一个人要想获得智慧，得分三步修。第一步是修戒，即善于约束自己。戒律就像交通规则一样，守戒就是过有道德的生活，过有自律的生活。因为你只有过有道德的生活，才能让心安定下来。戒明确让你知道哪些事可以做，哪些事不可以做。如果一个人没有守戒，他就会心猿意马，思想涣散。第二步是修定。人只有让自己的心安定下来，他才会变得平静与清澈，才能净化出一颗纯洁而安静的心。第三步是修慧。人只要有一颗纯洁的心，就能发现万事万物的本质和真相，才会产生智慧。

智慧分三个等级：

（1）初级智慧。指闻慧，我们所有看到的、听到的、学到的智慧都是闻慧，也是最初级的智慧。

（2）中级智慧。思慧，大家所有闻慧的内容，经过自己人生观、世界观、价值观的过滤，经过自己的思考，然后消化并吸收才称得上思慧。

（3）高级智慧。修慧，所有消化吸收后的思慧，只经过自己实际的行动与验证后，才能成为最高级的修慧。

一个人为多大的事情而发怒，他的心胸就有多大。判断一个智者的标准是他对任何事物都不渴求，不排斥，保持中道的觉察。

你永远赚不到超出你认知范围的钱，除非靠运气。但是一个人靠运气赚到的钱，最后往往又会因其缺乏足够的明智而亏掉，这是一种必然。你所赚到的每一分钱，都是你对这个世界认知的变现，你所亏的每一分钱，也都是你对这个世界认知的缺陷的果报。这个世界最大的公平就在于，当一个人的认知不足以驾驭他所拥有的财富时，这个社会会有一百种方法来收割他，直到他的认知与财富相匹配。

罗振宇在2025年《时间的朋友》跨年演讲中提到了一个连锁卖窗帘的创新案例，这位老板的核心思路是通过轻资产运营和资源整合来突破行业困境。因为房地产市场不景气，而导致窗帘行业的需求萎缩，传统门店的客流量大幅下降。这家窗帘企业面临销量腰斩的危机，而这位老板却用创新思维的智慧，在逆境中发展壮大。他的应对措施为：

（1）砍掉展示厅与销售团队。放弃传统线下门店和高薪销售，转而将窗帘产品直接挂在合作商家的墙面（如瓷砖店、家具店），利用现有流量降低成本。每面墙展示全系列产品，并标注价格、材质等信息，顾客扫码即可下单。

（2）轻资产运营。与瓷砖店、家具店达成合作，按销售额分成，无须支付固定租金。在供应链端采用"按需定制"，减少库存压力。

（3）流量复用与场景融合。顾客在选购瓷砖或家具时，自然看到窗帘搭配效果，提升转化率。通过场景化展示，将窗帘从低频消费品转化为家居配套必需品。

他的口号是"凡墙皆是门"，他将原本限制行业的"墙"（如高昂的门店成本）转化为连接用户的"门"（共享流量与场景）。这位老板突破惯性思维，即传统模式下必须有门店的认知被颠覆，采取轻资产模式，这反而激活了市场，原则是共生共赢，与异业商家共享资源，实现1+1>2的流量协同。

我再讲一个开书店的案例。互联网的发达，已经消灭了纸质报纸和杂志，也把实体书店逼入经营的绝境，而许知远却把书店开得风生水起。

2005年，许知远与12位媒体同行每人出资5万元，在圆明园一座荒废的院落里创办了单向街图书馆。这个名字源自德国思想家本雅明的同名著作，寓意思想的冒险。然而，理想主义很快遭遇现实困境，单向街圆明园店租金逐年上涨，书店长期亏损，股东们每年需自掏腰包补贴十余万元。2014年单向街图书馆更名为"单向空间"，开启了从单一书店到文化综合体的转型。转型后的单向空间发展出"书店+"模式，具有如下特点。

（1）空间跨界。与五星级酒店合作打造"单向空间"，把五星级酒店的空旷大堂变成书店，客房以书名命名，形成沉浸式文化体验。既节省了开书店的房租，又把酒店源源不断的客户变成读者。

（2）内容生产。推出访谈视频节目《十三邀》，许知远与贾樟柯、西川等嘉宾对话，"十三邀"节目播放量超18亿人次，并衍生出同名书籍，聚焦非虚构写作，成为青年知识分子的精神读物。

（3）文创延伸。开发单向历、OWSPACE文创产品，将书籍中的金句转化为日常用品，年销售额破亿元。

如今，单向空间已在北京、杭州、阿那亚等地开设了8家门店。单向空间超越了传统书店的范畴，它既是书籍的售卖场所，也是思想的实验室、文化的策源地。

不管你在什么公司做什么工作，请记住工作单位不养闲人，团队不养懒人，入一行，先别惦记着自己能赚多少钱，先学着要让自己值钱。没有哪个行业的钱是好赚的，即使赚不到钱，也要赚到知识；即使赚不到知识，也要赚到阅历；赚到以上任何一点，都是你人生的财富。

三、贫穷的根源

积累财富的话题占据了整个社会的半壁江山，无数的高人为此著书立说或者开坛演讲，教你如何脱贫，如何一夜暴富，如何跨入上流社会。一个人要脱贫，得在根源上找原因，在此我谈一下，一个人贫困的根源到底在哪里？

贫富差距的问题，古今中外都存在。一个人的贫困和富裕是相对的，每个时代的标准不一样，但导致贫困或富裕的原因都差不多，这也有时代的烙印和特色，每个人对此也许都有自己的答案。在现今，仇官仇富的情绪很浓厚，对贫困的关注和探讨也很多，那么造成一个人贫困的根源到底在哪里呢？

导致一个人贫困的原因很复杂，并且在贫困群体中，彼此形成贫困的原因也不尽相同。我们通过种种贫困的表面现象进行深入的分析研究，就会发现，导致人们贫困的根源主要有以下几个方面。

1. 人们消极的思想观念会导致贫穷

你想什么，你相信什么，你就有什么样的磁场，这也就是吸引力法则在起作用。你的思想会吸引你想要的东西，如果你的思想是积极向上的，你的磁场就是积极向上的；如果你的思想是消极负面的，你的磁场就是消极负面的，同时会吸引消极负面的人和事，所以如果我们要加深自己的正能量场，就要有积极正面的思想。

具有赚钱意识的人经常吸引金钱，而具有贫穷意识的人总是引来贫穷。通过你的思想、语言和行为，它们将为你所意识到的事物打开通道，无论富裕有或贫穷，都恰如你所想的状况那样满足你。一个人在心里怎么想自己，他就会是什么样子。你一直很害怕的事物总是向你走来，也就是说"你所强烈意识到的事物总是会来到你这里"。一个人的意识、思想或者信念，是使我们所意识到的事物找到路径来到我们这里的精神导线。

思想是因，与你思想相一致的人生和境遇就是你的果，你的因会吸引来果，这就是种瓜得瓜，你种下什么因就会收获什么果。当你知道这个法则的原理后，你就会运用思想的巨大能量来追求你所想要的一切，你会变得很有自信，你会知道世间的因果法则，你会懂得正确运用你的积极正面的思想。只要你拥有一颗真诚的、善良的、友好的、无我的、为众生做好事的心，你的心灵信息的收发才能自如。人体本身就是一个很敏感的信息场，无时无刻不在与外界的信息、能量进行交换。

消极的思想观念和悲观的人生态度，只会带给人们贫穷的结果，这是因为消极的思想观念会让人失去很多赚钱的机会，并错失发展的机会，这样的人对于先进的科学技术和先进的管理办法也不容易接受和采纳，还有可能导致其人生道路的错误，最终导致贫困。因为拥有消极的思想观念的人，面对困难总是退让和躲避，而一个人从贫穷到变得富裕，是其不断战胜各种困难的过程。

知道有些人为什么一直穷吗？试看下面这些现实情况：

富人交朋友；穷人走亲戚。

富人学管理；穷人学手艺。

富人爱创业；穷人爱打工。

富人喜投资；穷人怕风险。

富人在外跑市场；穷人在家看电视。

富人考虑发工资；穷人专注于领薪水。

富人看趋势做事；穷人看喜好做事。

富人没有不可能；穷人常常是可能吗。

富人想到选择别人；穷人指望被人挑选。

富人做事雷厉风行；穷人做事优柔寡断。

富人有博大的心胸；穷人往往心胸狭窄。

富人知道付出才有收获；穷人期待不劳而获。

富人做事前先看积极和光明的一面；穷人光看消极与黑暗的一面。

富人不安分，有赚钱的野心；穷人吃饱、喝足、享图安逸。

富人生活节俭，常被人认为吝啬；穷人大方，却常一贫如洗。

富人热爱工作，工作并快乐着；穷人热爱休息，工作并痛苦着。

富人喜欢与人合作，为了壮大力量；穷人害怕合作，怕吃眼前亏。

富人知道财富是一点一点积累起来的；穷人渴望一夜暴富如购彩者。

富人做事珍惜时间，总觉得时间不够用；穷人总觉得时间富裕，无所事事。

富人目光远大，不会计较眼前的一点得失；穷人目光短浅，斤斤计较眼前得失。

富人靠自己，知道财富会随时变无；穷人不知道来之不易，所以没有忧患意识。

富人具有感染力，有激情，精神抖擞；穷人大部分连自己都感染不了，常感觉"世界末日就要到来"。

富人做事有永不服输的精神；穷人做事遇到挫折就放弃，甚至还没做成事就先承认失败了。

富人从不觉得自己富有，看到的是比自己更富的人也会谦虚以待；穷人稍有钱就觉得自己是富人，趾高气扬，总想一夜暴富，但对所有机会说"不"。

2. 个人综合素质能力低下会导致贫穷

一个人在公司干了10年，他每天用同样方法做着同样的工作，每个月都领着同样的薪水。一天，他愤愤不平地要求老板给他加薪。他对老板说："毕竟，我已经有了10年的经验。"老板叹气道："你不是有10年经验，你是一个经验用了10年。"

所以，无论你想赚钱，还是想赚更多钱，都必须不断学习，提升个人的综合素质。个人的能力是一个复合的概念，技能、思想、性格、行事风格等，其中的任何一项都有可能影响"钱途"。有些人在诸多方面都很出色，智商、情商俱佳，但是唯独缺少"财商"，这也会使其生活清贫。

3. 不利的环境会导致贫穷

诸如自然环境恶劣、交通闭塞、资源缺乏、灾害天气频发等，人如果处此环境中，任你有三头六臂，也不过是仅维持有口饭吃而已。

不利的自然环境固然是导致贫困的重要原因之一，但是不利的经济环境、社会环境、政治环境也是导致贫困的重要原因。这里还包括当地主政官员的影响，一个有责任心、有才干的官员可以造福一方，而一个昏官、庸官、贪官则会刮地三尺、祸害一方，造成百姓的穷苦。

4.亏孝道会导致贫穷

古语云，百善孝为先。一个人无论有多么伟大，他总是父母所生，父母所养的。羊羔跪乳，乌鸦反哺，动物尚且知道知恩图报，何况身为万物之灵的人类。

现在的大多数老人，子女几乎都不在身边，他们最渴望的是能与亲人团聚。做儿女的不但要满足父母物质生活方面的需求，还要尽心尽力满足父母在精神情感方面的需求。特别对年迈的父母，更要精心照顾、细心安慰、处处孝敬。

从"孝"这个汉字来看，是"老人"的"老"字，底下是个"子"字，儿女双手托着老人，就是"孝"。《说文解字》中说，"善事父母者"为"孝"。人的一生可以错过很多东西，但万万不能错过回报父母恩情的机会。"树欲静而风不止，子欲养而亲不待"，世界上最大的悔恨莫过于此！一个人活着，就应该有孝心。趁着自己的父母还健在的时候，尽一份孝心，报一份恩情，不要留下"子欲养而亲不待"的终身遗憾！在物质化的现代，孝道也有呈现物质化的趋势。现在有许多人也很孝敬父母，但是他们的孝道是建立在物质基础之上的，缺乏精神关怀。加利福尼亚大学埃蒙斯教授认为，充满感激之心的人会感受到更多积极的情感，比如喜悦、热情、爱恋、幸福和乐观等，这些能够使人体保持良好的状态。所以，对长辈多一份精神感恩，就能得到意想不到的精神幸福的提升和身心健康。古人云："老吾老以及人之老；幼吾幼以及人之幼。"

俗话说："滴水之恩，当涌泉相报。"更何况是生养我们的父母，他们为我们付出的是一片汪洋大海。所以，我们是否在父母劳累后递上过一杯暖茶？在他们失落时奉上一番问候与安慰？是否为他们打扫过一间房？他们往往为我们倾注了心血、精力，而我们又何曾体会他们的劳累，又是否察觉到那缕缕银丝，那一丝丝皱纹。感恩和尽孝道需要我们用心去体会，去行动！

央视有一则广告，一个大眼睛的小男孩，吃力地端着一盆水，天真地对妈妈说：妈妈，洗脚！时至今日，这个广告仍在热播，动人的原因，不是演员当红，而是它的感情动人心腑。很多人为其流泪，不只为了那可爱的男孩，也为了那一份至深的爱，和发自内心的感恩。这样的事，每个人都能够做到，却又不愿去做。试问："我们对父母所尽的孝道表现在哪里？"

孝顺分有三孝：理孝、事孝和心孝。

理孝是指理解老人的心。如何理解呢？就是说父母是子女生命的根本，父母给子女的爱，是无条件的，是无成见的。父母的教育，不管是正面教育（温和）还是反面教育（严厉），都是父母之爱。不要认为父母的正面教育是爱，父母的反面教育是恶。真正孝顺的子女应该怎么理解？反面是真爱，正面是平常之爱。

事孝是指在父母有生活上的需要时，能照顾父母。

心孝很简单，就是任何时候任何环境从不抱怨父母。请问大家，我们是生死凡夫，是不是人人有优点、个个有缺点？那么，父母有优点也会有缺点。心孝就是看父母的优点，不看父母的缺点。一个人能做到心孝就是世间的大孝。

一般的人只能做到事孝。事孝相当于广东人讲的"一般般咯"。我们对父母一般般，我们也是一般般的人，是不是啊？

孝顺是家庭教育的重要内容。缺少了家庭教育，后代做人的基础就没有了。做人的基础没有了，成人之道更加谈不上。没有基础，那是空中楼阁，终究会倒下来。

5.没胆量会导致贫穷

穷人一生都在等待，等所谓的机会，等条件成熟。干任何事都是需要条件的，而使这些条件具备往往会耗费许多精力，拖延时间，有时还没等到条件成熟，周边环境已经变化，旧条件没达到，新问题又冒出来，结果还是下不了手，最终不了了之。

机会不是等出来的，而是干出来的，不干永远没有机会。干起来再说，边干边寻找机会，边干边创造条件，边干边修正，边干边完善，只要大方向是对的，也许最初看起来没有希望的事，最终就有了好的结果。

我有一个朋友是北京炒房团团长，他的成功是从买房置产开始的。当他决定要去买一个房产作为投资的时候，他首先是报了一个3000元的财商课程，去学房地产投资。他花了6个月的时间去看所有能购买的房地产，而此时他的朋友正在玩电子游戏，或者是打台球，或者是喝酒。6个月后，他终于找到一个合适的目标，他的第一个房地产花了38万，只付了十分之一的预付款，那也是跟人家借来的，所以事实上他一分钱都没投进去。他尝到了甜头，又去借了两个38万，这样，就有了三个同样的投资了。过了一年，他投资的房产增值了，每个都卖了48万，加起来赚了30万。他又以这些利润，买了许多其他的房地产。

咱们姑且不去挤他的泡沫，至少这种方式是可以借鉴的。只不过你得付出代价，放弃你的休息和娱乐，当你的朋友在牌桌前激战时，你得坐到书桌前；当你的亲友去旅游时，你得在城市的各个角落调查市场，寻找机会。

任何事情都是要付出代价的，成为富人以后，你可以不工作，只干自己喜欢的事，但在此之前，你必定比别人辛苦得多。

在同样的环境中，为什么有的人穷，有的人却相对富一些呢？人与人之间最根本的差别不是高矮胖瘦，也不是单眼皮和双眼皮的问题，而是各自拥有的知识、性格和思想。

生意人要有胆量，敢于冒险。一个生意你看好了，即使有风险，也要大胆去干，除非有更好的机会去把握。但事实上，每一种生意都有危险，如果你总是一看到风险就走开，就会什么事都不敢做、不能做，永远在原地踏步。

四、万化根源总在心

讲个案例，汤姆·霍普金斯是全世界单年内销售最多房屋的地产业务员，平均每天卖一幢房子，3年内赚到3000万美元，27岁就已成为千万富翁。至今，汤姆·霍普金斯仍是吉尼斯世界纪录的保持人。他是当今世界第一名推销训练大师，全球推销员的典范，被誉为"世界上最伟大的推销大师"，接受过其训练的学生在全球超过500万人。

汤姆·霍普金斯目前是国际培训集团的董事长。他每年出席全球75次研讨班，向全世界梦想获得巨大成功的人们传授销售知识，分享自己毕生的成功经验，被公认为"销售冠军的缔造者"。如今全世界很多的销售培训课程，都来源于他的销售培训系统。

汤姆·霍普金斯父亲的愿望是让他当一名律师，于是父亲拿出一生的积蓄供他读全美国最好最贵的法学院。可汤姆·霍普金斯却对法律不感兴趣，他不但生性顽劣，浪费了父亲毕生的积蓄，还被法学院勒令退学。回到家中，父亲饱含泪水，失望地说："汤姆，你太令我失望了，你这样子是不会取得任何成功的……"

大学辍学后，汤姆·霍普金斯在建筑工地扛钢筋为生，并开始尝试进行房地产销售。在进行销售的前三个月，他一共才挣了150美元。

这样惨淡的业绩，汤姆·霍普金斯维持了整整半年，他屡遭败绩，穷困潦倒，于是决定把最后的积蓄投资到世界第一激励大师金克拉举办的一个为期五天的培训班。没想到这五天的培训成为他生命的转折点，从此之后汤姆·霍普金斯连续八年都是全美房地产销售第一名，从一个非常潦倒的年轻人摇身一变成了亿万富翁。很多记者就去采访汤姆·霍普金斯，请他讲述自己成功的秘诀。

汤姆·霍普金斯就说是因为参加了金克拉为期五天的培训班而成功的。那记者接着问："你在五天的培训课里，都学到了什么东西？"

汤姆·霍普金斯说："我就学到了一句话，而这句话改变了我的一生。"

记者又追问道："你学到了一句什么话？"

汤姆·霍普金斯说："每一分每一秒都做最有生产力的事情。"

汤姆·霍普金斯说，他把这句话写在自己的床头，写在自己的笔上，写在自己的手上，写在自己卫生间的镜子上，写在自己家的门上，写在自己的办公桌上，写在自己的手机上，写在经常能接触的东西上，时时刻刻提醒自己"每一分每一秒都做最有生产力的事情"！

各位读者，你现在也学到了这个成功的秘诀。请问你能成为全世界的房地产推销冠军吗？或者我们不说成为全世界的房地产推销冠军，你能成为中国的房地产推销冠军吗？你也把"每一分每一秒都做最有生产力的事情"这句话写在自己所有经常用的东西上。为什么你不能成为汤姆·霍普金斯那样成功的人呢？

因为他没有告诉你这句话背后的秘密，这句话背后和秘密就是，你没有他那么用心！

万化根源总在心！请问"心"是什么？你现在为什么不用心地读这段话？你的"心"跑哪里去了？此时此刻你正用"心"地看书，同时世界上正在发生着惊天动地的大事，比如某个国家发生了八级大地

震,因为你的注意力没有放在国外发生八级大地震这件事情上,那这件大事对你的生命来说就是不存在的。

其实"心"从某个角度讲就是指注意力!而注意力就是宇宙源头的能量。心理学有个术语:注意力等于事实。就是说,一个人一旦认定了一个事实,就会忽视其他的东西,而将他认定的东西无限扩大,然后千方百计地找理由来支撑他的结论,不管这个事实是不是正确的,最终他更加证明了他的结论是正确的。《大学》有言"心不在焉,视而不见,听而不闻,食而不知其味"。

人都是有选择性地看这个世界,人只看得见和留意自己相信的事物,对于自己不相信的事物就不会留意,甚至视而不见。所以一个人所处的现实境况是他的心念吸引来的,人也会被与自己心念相一致的现实吸引过去。人如果能控制自己的心念,使之专注于有利于自己的、积极的和善良的人、事、物上,那这个人就会把有利的、积极的和善良的人、事、物吸引到其生活中去,而有利的、积极的和善良的人、事、物也会把这个人吸引过去。

《礼记·大学》原文"古之欲明明德于天下者;先治其国;欲治其国者,先齐其家;欲齐其家者,先修其身;欲修其身者,先正其心;……心正而后身修,身修而后家齐,家齐而后国治,国治而后天下平",大意是说,古代那些要使美德彰明于天下的人,都是先治理好他的国家;要治理好国家的人,要先整顿好自己的家;要整顿好家的人,要先进行自我修养;要进行自我修养的人,要先端正他的思想……思想端正了,然后自我修养完善;自我修养完善了,然后家庭整顿有序;家庭整顿好了,然后国家安定繁荣;国家安定繁荣了,然后天下平定。

不管你做什么事,一切都要从"诚意、正心"开始。

我们所做的每一件事情,只不过是为了满足自己的"意识心"。

钱财的多与少，权势的得与失，事业的成与败，都是你的"感觉"。不是钱财在你手里才叫"有"。你拥有的东西表现在你的"心"在认可"有"时，才算真正"有"。

古人造字，把"心"上有"相"就叫作"想"。我们每天感觉心里在动的，都是"相"，不是我们的本心。我们只是错把心理活动所着的"相"，认为是自己有的。

我们从生到死，每天从不间断地产生"相"，一个念头接一个念头，一个境转另一个境，无一刻的清净。如果你还不能明白这个"相"是什么，就请看以下的例子。

黄金是本体，用黄金做成的佛像、首饰或其他不同形状的东西叫作"相"，也可说为"形相"（形象这个词应该是形相才对）。也就是说，不管你用黄金做出什么形状的东西，这个形状都叫作"相"，而黄金这个本体是不变的。"相"与"体"是不可分的，即"相"与"体"是一，不是二。即你找不出"相"与"体"的分界点。黄金能变成各种形态，所变化出的各种形状的本质也还是黄金。

世界上任何事物，都有"相"与"体"。即能变的是"体"，所变化的是"相"。

我们每天通过眼、耳、鼻、舌、身体等接触外界，使心上产生了无数的分别、执着，这些分别、执着就是心中的"相"。

得与失，有与无，成与败，好与坏，善与恶，福与祸，吉与凶，大与小，黑与白，长与短等等，都是我们心上的相。我们常说的思想与感觉。很多人将"相"理解为面相，事实上面相是心相的体现。我们平常觉得大多数小朋友可爱，觉得可爱的成人反而比较少，是因为小朋友的烦恼少，大人的烦恼都写在了脸上，所以大人不太可爱。因此喜欢美的朋友，一定要先从内心将烦恼去除。

你专注于什么，你就会得到什么。下面我讲一个故事。

有一条船上新来一批水手，他们经过一段简单的培训就上船工作了。其中有一个小水手性格很内向，平时不太言语，大家就习惯拿他开涮。老水手长似乎也看不上他，让他与别人干一样的活，值一样的班不说，一些额外的活也总是让他去干。

新来的这位小水手发现别人过得都很清闲，只有他一个人整天忙忙碌碌，没有闲着的时候。刮风下雨，别的水手回房间睡大觉，而那个不讲情面的老水手长不是让他缝救生圈，就是让他学习打绳结。遇到插钢丝这样棘手的活，老水手长说"我干不动了，你替我干吧"。工人卸货，老水手长也指派这位小水手爬上桅顶把吊车放好。甚至在甲板上干活，收拾工具这样收尾的零活，也让这位小水手包了。这位小水手感到很委屈，就找到老水手长问："你为什么总是看不起我，听说我们还是老乡呢，脏活、累活、苦活总是让我干？"老水手不气不恼地说："就是因为我们是老乡，我怕别人说我特殊关照你，以后不好开展工作。"

船在外面转悠一年后回国，公司决定对新来的这批水手的个人技能进行考核，十多项内容，这位小水手样样拿第一名，其他水手都傻了眼。公司主考官问大家："同样的活，你们怎么就没小水手干得快呢？"众人回答："我们平时就是这么干的。"问小水手时，小水手回答："我干每一项工作，都想着快点干完，早点结束，久而久之就养成了一种习惯，心里只有目标，就没有活了。"

老水手长闻言露出欣慰的笑容，他插话："活少了，眼睛里反而没有数量了。只有干不完的活，才能磨炼一个人的意志。"本次航行结束，这位小水手从二副被破格提拔成一副。三年后，当同时上船来的水手都晋升为一副时候，这个样不出奇，貌不压众的小水手被破格提拔为全船的水手长。几年后他自学驾驭技术，十年后他考取了船长，是唯一一名没有进过高等学府的船长。在漫漫的航海征途上虽然经常大风大浪，虽然经常风云变幻，但他的心中有别人看不见、摸不着的追求。苦累、晕船、寂寞，这些都不是航海最大的障碍，最大障碍是看不见前进的方向。只要心中有个不灭的灯塔，哪怕是惊涛骇浪，黑云压顶，航海线上也永远是一片光明。

一个人最大的障碍是看不见前进的方向，只有那些心中拥有目标，不怕惊涛骇浪的人，才能在航程中找到属于自己的光明。

每个人的世界分为两个，一个是你的内心世界，另外一个是你外在生活的世界，而且你外在生活的世界是你内在世界的真实反映！

那么连接你内心世界和外在客观世界的桥梁是什么呢？恰是你的"注意力"，因为这个世界上每天都有成千上万的事情在发生，但不是每一件事情都能进入你的内心世界，只有你注意到的事情才能进入你的内心世界，也只有进入你内心世界的事情，你才会把它当成事实来接受，也只有我们把它当成事实来接受的时候，它才会在我们生活的外在世界显现出来，而我们没有注意到的事情，即便它在客观世界确实是真实存在的，它也不能对我们的内心世界和我们生活的外在世界产生一丝一毫影响。

综上所述，我们可以得出这样的结论，就是注意力等于事实！也就是说你专注于什么，你就会得到什么！所以，一个人要想得到成功，就一定要专注在成功上，可悲的是，很多人都想要得到成功，但他们却一直专注在失败上！

成功者都活在悬崖边，因为成功者都是冒险家，但是从人性的角度来讲，没有任何人喜欢冒险，因为只要是人就害怕失败，而成功者不是不害怕失败，他只是太想成功、太专注于成功，因而忘记了失败这两个字，事实上当他想起失败这两个字时，发现自己已经成功了！

所以请大家一定要记住，成功者并不是不害怕失败，他只是太渴望成功、太专注于成功而忘记了失败，因为人在同一时间内只能想一件事情，就好像你在长跑比赛中狠狠地摔了一跤，但是你为了赢得第一名，你立即爬起来继续跑，直到你全力跑完全程后，你才发现自己的腿在流血！其实你摔跤的时候，自己的腿并不是不痛，而是你太想跑第一名了，以致忘记了疼痛！所以，我们不要想着如何去战胜失败，因为你想着战胜失败只会让失败更加强大，强大得让你喘不过气来，你要想着如何去获取成功，当你想着如何去获取成功的时候，成功就会慢慢地向你靠近！

　　生活中另一个让人感到的最大悲哀是，几乎每个人都想要得到快乐，但是人们都习惯于把自己的注意力专注在痛苦上！即使在我们的生活中发生了十件快乐的事和一件痛苦的事，我们还是习惯于把自己的注意力放在这件痛苦的事情上，这就是很多人无法快乐起来的原因！其实，每一个人都会遇到让自己感到快乐和不快乐的事情，而快乐的人之所以快乐，并不是因为他遇到的快乐的事情比不快乐的人多，而是因为他把注意力放在让他感到快乐的事情上，而不快乐的人之所以不快乐，并不是因为他遇到的不快乐的事情比快乐的事情多，而是他把注意力放在了让他感到不快乐的事情上！所以你要想做一个快乐、开心、幸福的人，你就必须将你的注意力放在让自己感到快乐、开心、幸福的事情上！

　　那么，到底是什么在决定着我们把注意力放在快乐的事情上还是痛苦的事情上呢？那是你对自己所问的问题。因为我们的大脑每时每刻都在思考问题，而我们的注意力一直在专注于回答这些问题！

　　前面我们已经说过思考就是问问题，你对自己所问的问题，决定了你把自己注意力的焦点会放在哪里！所以要主控进入我们内心世界的事物，就要学会主控自己的注意力，而主控自己的注意力就是主控自己对自己所提出的问题，也就是说，我们持续不断地问自己什么样的问题，我们就会得到什么样的结果！

那么，我们到底要问自己什么问题才能让自己的人生更幸福，更美满，更成功呢？答案就是要经常问让自己感觉更幸福，更美满，更成功的问题，也就是说，你要想得到什么样的结果，你就要问什么样的问题。比如说，你想要快乐，那你就问自己，我为什么总是这么快乐呢？如果你希望你周围的人都喜欢你，那你就问自己，为什么我周围的人都那么喜欢我呢？如果你想更成功，那你就问自己，为什么我总是越来越成功呢？当然你必须很认真而且持续不断地问自己，否则你不会得到任何结果。

当然这只是一种有意识的改变，它对调节我们自己的情绪是极其有效的，但是我们的意识会懒惰。很多时候，对我们提出问题的不是我们的意识，而是我们的潜意识！那么决定我们的潜意识问什么问题的东西又是什么呢？是根植于我们潜意识的价值观。价值观就是你对快乐和痛苦的优先排列和信念！因为你的潜意识总是按照你的信念做事，它做事的目的就是让你按照自己的价值观去生活，所以你的信念和你的价值观就是你的潜意识所关注的全部内容！

而价值观说得通俗一点就是你的欲望，说得更具体一点就是你人生追求的目标，至于如何设定人生的目标和如何建立自己的信念，我只想讲一点，就是如果你的人生要获得幸福快乐和成功，就必须让自己的信念和自己的价值观协调一致！也就是说，你想要什么，如果你是真心想要的，你就必须坚信你能够得到它，这是你获取一切幸福快乐和成功的充分必要条件！因为当你的信念和你的价值观不协调一致，甚至互相排斥的时候，你的潜意识就会一片混乱，它问的问题也会一片混乱，从而使你的生活也一片混乱！

人一生中最重要的是"专注"！

如果你的注意力持续不断地专注在某件事物上，那么你就会持续不断地把这件事物输入你的内心世界，直到这样东西占据了你的整个

内心世界时，你就和这个东西融为一体，当你和这个东西融为一体时，你就可以探知这个东西的一切奥秘！当你的心灵感悟到它的一切奥秘时，不管它的风险有多大，你都可以百战不殆！这也就是人们常说的出神入化的境界，就好像篮球之神迈克尔·乔丹、世界舞王迈克尔·杰克逊、股神沃伦·巴菲特一样，世界上所有的神话都是这样创造出来的！所以你知道超越巅峰伟人的真正秘诀是什么了吗？那就是持续不断地专注在你的事业上，让你从事的事业占据你的整个内心世界，进而和你从事的事业融为一体！

你要如何才能让自己持续不断地专注在自己的事业上呢？首先，你必须发自内心地喜欢你所从事的事业，然后，你还必须下定要把这件事做到最好的决心，最后，你还必须坚定能把这件事做到最好的信念！其实，你的决心和你的信念的坚定程度决定了你意念集中的程度，而你意念集中的程度则决定了你人生的品质！

巴菲特和比尔·盖茨，这两位全球最富有的两个人第一次见面时谈了什么？当被问到"人一生中最重要的是什么"的问题时，他们的答案是一个相同的词，这个词到底是什么？我们继续往下看。

下面是一段书摘：

> 1991年美国独立日那个周末，巴菲特和盖茨见面了。这次会面是在凯瑟琳·格雷厄姆和她拥有的《华盛顿邮报》的主编梅格·格林菲尔德的倡议下进行的，地点选在了华盛顿州的双桥岛。
>
> 对于盖茨，巴菲特还是非常欣赏的，尽管巴菲特比他年长25岁，他知道盖茨是一个非常聪明的人，但更重要的是，一直以来，两人就是福布斯财富榜上争相被人们比较的对象。不过，以巴菲特对于IT人士并不感兴趣的性格，他自己是肯定不会加入凯瑟琳的周末之旅的，但是在格林菲尔德的劝说下，巴菲特动摇了。格

林菲尔德告诉他:"你肯定会喜欢上盖茨的父母的,而且还有很多有意思的人也会去。"最终,巴菲特同意加入。

巴菲特穿了一件非常休闲的开衫毛衣,还把灰色的头发梳理得很光洁。这一天,格林菲尔德载着包括巴菲特在内的5个人去了盖茨家。天啊!一辆普通汽车里坐了6个人,可以想象这会是多么拥挤!汽车足足开了95分钟。巴菲特不禁开始抱怨了:"我们究竟去那儿干什么?难道要我们守着这些人待一天吗?我们究竟要保持高雅客气地待人接物到什么时候?"

想到要见到巴菲特他们,盖茨的心里何尝不是一样的呢?"我和母亲谈了谈,而结论就是母亲质问我,为什么不来参加家里的聚餐?我告诉她我太忙了,我走不开,可她却搬出了凯瑟琳·格雷厄姆和巴菲特两个人,说他们都参加了!"其实,盖茨更希望见到凯瑟琳,这位74岁的老人现在成了传媒界的传奇,不过她的脾气并没有因为时间而改变,依然是充满贵族气息、非常自我,这样的性格很容易让人把她和伊丽莎白女王联系在一起,但是,"我又告诉我的母亲说,我对那个只会拿钱选股票投资的人一点都不了解,我没有什么可以和他交流的,我们不是一个世界的人!不过在母亲的坚持下,我还是答应了。"

对于两位巨人的第一次见面,很多人都在仔细观察。至少在一点上,巴菲特和盖茨是相似的,如果遇到不热衷的话题,他们会尽量选择结束。人们对于盖茨不善隐藏自己的耐心早有耳闻,而巴菲特,虽然在遇到感觉无聊的话题时他不会提前走开转而找本书看,但是他依然有自己的方法,他会在第一时间把自己从不感兴趣的话题中解脱出来。

在与盖茨的交流中,巴菲特还是和平常一样,没有过渡语言就直奔正题,他问盖茨有关IBM公司未来走势的问题,他还向盖

茨询问是否IBM已经成了微软公司不可小视的竞争对手，以及信息产业公司更迭如此之快的原因为何？盖茨一一做出了回答。他告诉巴菲特去买两只科技类股票，即英特尔和微软。轮到盖茨提问了，他向对方提出了有关报业经济的问题，巴菲特直言不讳地表示报业经济正在一步步走向毁灭的深渊，这和其他媒体的蓬勃发展有着直接的关系。只是几分钟的时间，两个人就完全进入了深入交流的状态。

他们一直在聊天，没完没了，根本没有注意到其他人。巴菲特问了盖茨很多关于IT产业的问题，但巴菲特从来没有想过要理解属于盖茨的那个行业。盖茨是一个很不错的老师，他们谁都没有结束这次交谈的念头。巴菲特和盖茨边走边谈，从花园来到了海滩，人们也竞相尾随。他们根本没有注意到这边这些人的存在，没有发觉周围还有很多举足轻重的人，最后还是盖茨的父亲看不过去了，他非常绅士地对他们说，他希望他们能融入大家的这场派对，不要总是两个人说话。

之后盖茨开始试图说服巴菲特购买一台电脑，但巴菲特告诉他自己不知电脑能为自己做些什么，他不介意自己投资项目的具体变化曲线，他不想每5分钟就看一下结果，巴菲特告诉盖茨他对这一切把握得很清楚。但盖茨还是不死心，他说要派微软最漂亮的销售小姐向巴菲特推销微软的产品，让她教会巴菲特如何使用电脑。盖茨说话的方式很有趣，巴菲特告诉他："你开出了一个让人无法拒绝的条件，但我还是会拒绝。"

一直到太阳落山，鸡尾酒会开始，两人的谈话还没有结束。盖茨之前过来时乘坐的飞机将在傍晚离开，只是飞机走了，盖茨没有走，他依然在享受与巴菲特聊天的乐趣。

晚饭的时候，盖茨的父亲问了大家一个问题，人一生中最重要的是什么？巴菲特的答案是"专注"，而盖茨的答案和他的一样！

当巴菲特说出"专注"这个词的时候，不知道在座的人有多少能够体会他这个词的含义，但一直以来，专注就是巴菲特前行的重要指南。专注是什么？是对于完美的追求，而且这种秉性是特有的，不是谁说模仿就能模仿得了的。专注是对于专业精益求精的追求，正是由于专注，才成就了托马斯·爱迪生这个美国历史上最伟大的发明家；正是由于专注，才诞生了沃尔特·迪斯尼这位享誉世界的动画片之父；正是由于专注，才让大家认识了美国灵魂乐教父詹姆斯·布朗。同样，专注还是完成伟大事业的决心。不能集中自己的注意力持续不断地专注在自己的事业上，是很多人终其一生都碌碌无为的根本原因！

随着时代的发展，AI、电商、直播带货……靠赚产品差价的生意人会大量消失，而各种"价值主体"将纷纷崛起，这些人才是未来真正的脊梁！《国富论》里面有一个观点，就是利润减少是商业繁荣的必然结果。因为竞争越来越充分，越来越公平。从哲学上也可以这样辩证地看，之前社会的需求和供给都是靠大量的生意人去对接完成的，而现在互联网那么发达，根本不需要那么多生意人去对接了。靠算法和大数据就可以精准预知各种需求，然后迅速完成生产，这时"生意人"还有什么用？

什么是价值主体呢？比如有文化的农民、有匠心的工人、知识分子、设计师、医生、律师、作家、司机、画家等等。在经济的下半场，社会结构将从"物质架构"向"知识架构"转变，未来我们已经不太缺乏物质产品，产能已经严重过剩，未来人们缺的是精神食粮，是知识型产品。未来三年，一个人如果自身没有文化，要想赚到较多的钱，已经基本不可能。因为我们开始靠无形的东西赚钱，比如认知、影响力、精神力等等。今后所有的物质产品，要么就是零利润，要么就是免费提供，这就是马克思所说的按需分配。随着物质产品的丰富，我们一定能进入这个状态。因为很多企业现在根本就不靠产品挣钱，而是靠其他服务盈利。比如很多书店已经不再靠卖书挣钱了，反而开始带领大家开读书会，然后请专业的老师，让大家一起学习。从而还能衍生出更多的商业模式，因为把人聚集在一起，就可以做更多的事情。很多4S店也是采用同样的逻辑，他们早就不靠卖车赚钱了，而是靠销售保险、保养车、维护车、改装车、车友会活动等等来挣钱，这也是企业创造利润的后延。

未来只有两种产业能够赚钱，第一个是服务业，第二个是教育业。如果一个企业不能往这两大产业去转型升级，未来一定无钱可赚，或者只能赚到非常少的利润。40年前，商业的重心是"产品"，我们都在靠产品赚钱，而如今商业的重心是"人"。我们必须以如何服务人、提升人为核心去开展商业。未来社会将诞生大量自由职业者，无数平台的崛起，使个人有机会参与创造和价值输出。一个人越有能力、越有特点、越有特长，就越不需要依附某个地方。你的个人能量越高，也就是说修行的德行越高，你越能够脱颖而出。在未来，合作才是最重要的，分工合作，共同协作的合作关系才是最好的模式，人们之间的关系将从雇佣与被雇佣的劳资关系转变成共同协作的合伙关系，也就是平台+个人结构。

因此，在这种情况下，"木桶理论"不再适用，而是需要刻意扬长避短，你的特长正决定着你的层次，当你把某方面从长处发挥到极致的时候，自然会有人来找你配合！你们一旦形成优势互补之态，就意味着能发挥出1+1远大于2的价值。

在未来，人的独立性会越来越强，人与人之间的协作性也会越来越强，和而不同，正在成为人与人之间的主流关系。三至五年后，线上的"虚拟经济"和线下的"实体经济"也是交相辉映的，它们共同形成了经济主体。实体经济的主要功能是服务，而且点对点的个性化服务，才有互动的价值。而你要知道，你最强的对手是你自己。你一旦战胜了自己，便如同跳出三界外，不在五行中，你就可以宠辱不惊，看庭前花开花落，去留无意，望天上云卷云舒。对每个中国人来说，传统上，人生借以奋斗成功的五大关键条件为背景、学历、资源、人脉、资历，而今后人生借以奋斗成功的五大关键条件为智慧、创新、独立、个性、理想。越来越多的国人正在由外求转向内求。所谓外求，即求关系、求渠道、求机会；所谓内求，即要激发起自己的兴趣、热情和希望。当你做好你自己，外界的东西就会被你吸引过来，这就是所谓的"求人不如求己"。在未来，我认为个人创造财富的路线是这样的，会沿着行为、能力、信用、人格，抵达财富。在大数据和互联网的帮助下，你的行为积累出了你的信用值，然后你可以以信用值为支点，以能力为杠杆，以人格为动力，上述诸要素联合撬动的力量范围就是你的财富值，也是你所掌控的世界的大小。这也能够说明，我们能做到什么，我们能输出什么，对方就选择我们什么，皆是以新的标准去看待。这个时代对人们最大的考验其实是个人的选择，因为太多的选择，让我们忘记了初心，我们都被时代裹挟着而变得焦虑彷徨、眼花缭乱。世界越是纷繁复杂，我们的内心越需要具备定力，需要冷静，需要用智慧去判断、去选择，每一个阶段只要做好一件事情就足够了。

　　临大事头脑要保持清醒，也就是说我们在最重要的决策上绝不可以出错，一定要快、狠、准。而面对小事要糊涂一点，在很多纷杂的小事上切不可斤斤计较，否则，见小利则大事不成。比起产品的同质化，更可怕的是出现的人的同质化，让我们慢下来，各归其位，踏实做好当下的事情，不论时代如何变迁，才华与德性才是经得住岁月和时间考验的硬实力与软实力，要不断学习，持续精进与成长。对个人来说，在未来，由于个人的自由时间和发展空间越来越大，所以人的自我管理能力的重要性就仅次于个人的创新能力。自我管理是一种自我约束，也是一种自我发掘，这一点任何人都帮不了你，只能靠你自己去历练和修行。

我认为生命有三次大的转折，每一次转折都是一场大升级。

第一次大转折是摆脱了现实对自己的束缚，不再为了钱而日夜奔波忙碌，实现了个人的财务自由，可以保持自己的精神独立、人格独立，成为一个相对自由的人，开始思考在精神方面不断丰富自己。

第二次大转折是发现了自己的天赋，找到自己活着的意义以及使命，就像刘翔找到跨栏、姚明找到篮球一样，以满腔热情投入其中，直至完成自我、实现自我。

第三次大转折是看透了世界与人生的真相，开始走向觉醒、开悟、得道之路。能够以高维思维俯瞰众生，宠辱不惊，看庭前花开花落，去留无意，望天外云卷云舒。

每一次生命的大转折，都是个人生命自由度的升级。在不久的将来，传统文化一定会越来越受到重视，并得到进一步复兴。可以预测，社会上出现心理问题的人也会越来越多，这些心理问题就是由不断的社会内卷与各种压力导致的。人们心理问题的集中爆发，会让我们再一次走回修心这条路上。老子说"天道无亲，常与善人"，所谓善人，就是善于遵循天道、做人做事合于大道的人，也就是觉醒之人。有大破的发生，必有大立，当很多人被严酷的竞争所淘汰，其中就必然有一部分人会觉醒，这样能量才能保持平衡，这也是宇宙的平衡之道。愿你能成为第一批觉醒的人！我们一定要保持自强不息，携手同行！

第六章

空穴来钱

> 信念是相信你尚未看到的东西,其报酬是你将看到你相信的东西。
>
> ——圣·奥古斯丁

一、思想的本质

　　一个人是贫穷还是富有,源于他的行动,而行动源于他的思想。那么,思想是什么?思想其实就是一个人的世界观、人生观、价值观共同构成的思维模式,也叫心智模式。世界观决定人生观,人生观决定价值观,价值观决定一个人的行为,最终产生行为结果。

　　价值观是指一个人对周围客观事物(包括人、事、物)的意义、重要性的评价和看法。其一方面表现为价值取向、价值追求,凝结为个人的价值目标;另一方面则表现为价值尺度和准则,成为个人判断价值事物有无价值及价值大小的评价标准。个人的价值观一旦确立,便具有相对稳定性。随着外在环境的变化,人的价值观念是不断变化着的,对于诸多事物的看法和评价在心目中的主次、轻重的排列次序,构成了其价值观体系。也就是说,价值观和价值观体系是决定人的行为的底层逻辑。

　　世界观、人生观、价值观是哲学思想的基础构件,三者相互依存、相互影响。一个人的价值观是从出生开始，在家庭和社会的影响下逐步形成的。一个人拥有的社会生产方式及其所处的经济地位，对其价值观的形成有决定性影响。当然，报刊、电视和广播等媒体宣传的主流观点，以及父母、老师、朋友和公众名人的观点与行为，对一个人的价值观形成也有不可忽视的影响力。

价值观分为普适性价值观和特定性价值观。人们以追求真善美为价值取向的观念为普适性价值观，而个体对周围的客观事物（包括人、事、物）的意义、重要性的评价和看法，为特定性价值观。

人的世界观、人生观、价值观的本质是什么呢？其本质就是一个一个"信念"组成的"信念群"（见图十五）。

结果 ⟸ 行动 ⟸ 思想 ⟸ 信念

图十五

信念的本质是什么？其本质就是你相信的念头。

信念群是一组组的思考形式，你借着这些思考形式，得以创造现实、诠释现实，并且与现实互动。一个个信念组成的信念群创造了自我与宇宙的分离，也就是说，这是我，那是他。

二、信念的真谛

信念若能改变其中使你设限的部分，那么在很短的时间内便能改变你的整个人生。请记住，信念一旦被接受，就犹如对我们的神经系统下了一道紧箍咒，它既可以激发潜能，也可以毁灭潜能；它既可能扩展生命的高度，也可能毁掉我们的现在和未来（见图十六）。

如果你希望主宰自己的人生，就必须好好掌握自己的信念，第一步就是你得知道信念是什么。

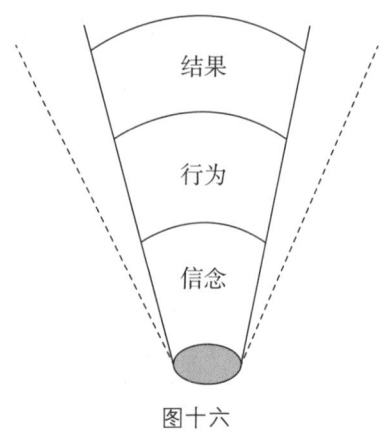

图十六

信念到底是什么？我们在日常生活里聊天，经常脱口而出一长串的话，其中到底有没有意义并不是十分清楚，就像"信念"这个词语被大家常用，可是不一定人人都知道它的真正含义。

信念，乃是一种对某件事有把握的感觉，譬如当你相信自己很聪明，这时说起话来的口气便十分有力量："我认为我很聪明。"当你对自己的聪明很有把握时，就能充分发挥所拥有的各种能力，做出好成绩。

每个人对于同一件事都有自己的主见，即使不然，也能从别人那里得到答案。然而，自己若是个优柔寡断的人，亦即没有坚定信念或对自己实在没有把握，那么就很难充分发挥所拥有的各种能力，导致成绩不理想。

要想了解信念并不难，不妨从信念的最初形式——"念头"来谈起。虽然每个人在日常生活中都有许许多多的念头，但不都是信念，就以你自己为例，当你说"我很吸引人"，这可能只是个突发的念头而已，若要成为一个信念，还得依你相信这句话的高低程度而定。如果你说："我并不怎么吸引人。"这句话的意思就是"我没多大信心自认为长得吸引人"。

然而，你要怎样才能把念头转化为信念呢？打个比方，假设你把念头想象成是一个没有桌腿的桌面，当一个桌子没有了桌腿，就不足以称之为桌子。同样，若信念没有支撑，就不足以称之为信念，就只能算是个念头而已。

信念像桌子一样，一定要有桌腿来支撑（见图十七）。支撑信念的桌腿就是依据（证据）！

图十七

如果你自认为长得吸引人，请问你何以有如此自信心，或者说你有什么样的"依据"做支撑？若是有，那就是你有此信念的支撑，使你有把握这么认为。那么你到底是有什么样的依据呢？是有人告诉你他对你的看法，还是你从镜子中的所见来跟周围那些具有吸引力的人比较过？或者走在街上不时有人向你投以羡慕的一瞥？

不管你有多少这类的依据，除非你把它们归之于"你有吸引力"这个念头，那才足以构成这个信念的支撑。你要是明白了我打的这个比方，不妨检视一下自己的信念是如何形成的，同时思考如何改变所不喜欢的信念。综上所述，只要有了足够的支撑、足够的依据或参考，没有什么是不能建立成信念的。

在此，请问，你是相信人性本恶，与人打交道时常常担心会吃亏，还是相信人性本善，只要对别人好，别人也会同样会对你好？从多年的经验中或从别人的分享中得知，相信你的心中已经有了答案。关键问题是，这两个信念到底哪个才是对的呢？答案是，不管二者孰对孰错，重要的是哪个能帮助你过得更幸福！

也许周围的人可以提供答案，让你对自己的看法更有自信，不过是否能使你的日常生活过得更幸福呢？个人的经验是最有用的，然而你的经验又是从何而来的呢？是读书、听广播、看电影，或是道听途说，还是纯粹是自己的想象？

这些外来的依据必然会激起我们的情绪反应，其程度的强烈自然会影响支撑我们信念的强度。个人的痛苦或快乐经验都会造成情绪波动，其越强就促使信念越坚固。另外，个人类似经验的多寡也深刻影响信念的强弱，支持一个信念的依据越多，所形成的信念就越坚固。

这些构成信念的依据得精确到什么程度才能为你所用呢？其实不管信念是真实或虚拟，坚固或动摇，因为经过个人认知的改变，就算是再坚固的信念也必然会被扭曲。

由于人类具有这种无中生有的扭曲本领，因此要想寻找构成信念的依据，可以说是没有穷尽的。我们无须计较这些依据的出处，也无须计较是真或假，只要把它当成是真的，就能发挥一定的作用。当然，若是我们的信念是消极的，哪怕是再假的依据，也会造成极大的负面影响。

既然我们有能力运用想象的依据，来推动自己向前追逐美梦，那么只要想象得越活灵活现，就越能使我们容易成功。何以会有这种现象呢？那是因为我们的脑子根本分辨不出何为真实，何为生动的想象，只要我们相信的程度越强烈，并且反复练习，我们便会把它当成真的，即使它是百分之百想象出来的。历史上大多数杰出的人都有这种能力，他们运用想象得出可用的依据，因而有充分的把握，进而做出别人认为不可能做到的事。

信念是一切成功的开始！有的人常常会对自己的能力设限，个中原因可能是曾经失败过，所以消退了对未来抱有成功的希望，因而常把"务实一点"这句话挂在嘴边，唯恐再一次遭受挫败的打击。长久以来，其内心的恐惧成为一个根深蒂固的信念，当遇到事时便踌躇不前，即使做了也不会尽全力，更不用说结果有多大的成就。

伟大的领导者一般非常聪明，遇事拿得准，可是就一般人的标准来看是绝对不务实的。然而什么叫作务实呢？这全然没有准则，就甲来看是件务实的事，可是换成了乙就认为全然不是，毕竟务实的前提是得看以什么样的标准而定。

印度国父甘地坚信采取温和的手段与英帝国主义抗争，使印度获得民族自决的权利，这是前所未有的事，当时就很多人来看是痴人说梦，不过事实却证明他的看法极为正确。同样，当年有人想要在加州橙谷建造一座有特色的游乐园，让世人身在其中重享儿时的欢乐，很多人都认为那简直是在做梦，可是沃尔特·迪斯尼却像历史中少数有远见的人一样，把神话里的世界真的带到了这个世上。

如果你打算在人生中做一件错误的事，那么就低估自己的能力，前提是不能危害自己的生命。不过这件错事可并不容易做，毕竟人类的能力远大于所能想象的程度。事实上，根据许多调查发现，悲观的人与乐观的人在学习一种新技能时有很大的差异，前者只想做到合乎要求即可，可是后者往往却想做到超过能力范围的地步，就是这种对自己不务实的要求促使后者取得了成功。

为什么最终前者会失败，而后者会成功呢？因为乐观的人根本没有成功或失败的心理，即使有，他们也刻意不去注意，避免产生"我失败了"或"我不会成功"的念头。相反，他们不断加强信念、不断发挥想象力，期望后面的每一步都走得稳健，以至顺利成功。就是这种不寻常的心理，让他们得以坚持不懈，以达至所期望的成就。成功之所以让许多人心向往之，是因为他们在过去并未有过足够的成功经验，可是对于那些乐观的人来说，他们只有一个信念，就是"过去并不等于未来"。一切伟大的领导者，不论他们在人生的哪个领域中有杰出成就，都知道全心追求理想所释放的力量是巨大的，哪怕他们丝毫不知道要怎么去做。如果你能有强烈的信念，其所衍生的信心必然能使你完成各样的事情，即使在别人看来是不可能的。

三、信念的来源

信念的来源是什么？信念的第一个来源是环境。人之所以能，是因为相信能。信念究竟来自何方？为什么有人拥有走向成功的信念，而其他人拥有可能失败的信念？如果我们想要拥有走向成功的信念，就得先找出它的来源，这首先要从环境入手。

孕育成功的良性循环与孕育失败的恶性循环，皆源于环境。监禁生活最可怕的不是每日的挫折和剥夺，而是这种环境会孕育失败的信念，甚至使信念毁灭。如果你看到的全是失败、绝望，要想在内心追求成功的储忆，实在是难如登天。模仿是一件人一直在做的事。如果你生长在一个富裕且成功的环境中，就很容易去模仿富裕和成功；如果你生长在一个贫穷且失败的环境中，就可能模仿的是贫穷和失败。爱因斯坦曾说过："很少有人能够不因社会环境的偏差而表达出公正的意见，然而绝大多数的人连公正的想法都没有。"

世界顶尖潜能大师安东尼·罗宾对此有深刻体会，他说："在讲授模仿的课程到尾声时会有一堂实习课，我们会特意找几位在大都市里的流浪汉作为对象，模仿他们的信念系统和想法。我们不仅给他们食物，并且付出真诚的关怀，希望他们能说一说平日流浪生活的感想，之后与那些虽曾遭受身体及情感的重大打击但却能扭转人生的人相比。最近的一堂课里，我们找了一位约28岁，身体强健，看着聪明且有一张俊美面孔的年轻人约翰作为了解对象。我们想探讨，以约翰的条件为何会如此落魄，流浪街头，而米契尔的外表平平无奇，但其看起来异常快乐。米契尔成长于一个克服逆境、再创美好人生的模范环境之中，这使他建立了'我也可能办得到'的信念。相反，约翰却生长在没有模范可学的环境里，他的母亲是个妓女，他的父亲因持枪杀人而入狱。生于这样的环境，约翰只知道若要活下去——其实只能算是苟活于世，唯有流浪街头、偷窃他人等。他认为任何人都不可信，而现在，他改变了原先的所有看法。最终，约翰不再流浪街头，结交了许多新朋友，用新的信念过新的生活，开创新的人生。"

芝加哥大学的布鲁姆博士曾研究100位杰出且年轻的运动员、音乐家和学生。他十分惊讶地发现，这些年轻人大部分不是自幼就表现得头角峥嵘，而是在父母的细心照顾、老师的指引和同学的帮助下，得以发展才华。这也得归功于在他们成名前，已经拥有"我必出人头地"的信念。

由此看来，环境是产生信念的一个十分重要的因素。不过，它不是唯一的因素，否则，我们的世界就是静止的，富贵子弟永远都会有钱，而寒门子弟就永无出头之日。值得庆幸的是，还有其他方法可以孕育信念。

信念的第二个来源是偶发事件。每个人的生命里，必然发生一些永难磨灭的事件。美国发生"9·11"事件那天，你在做什么？如果当时你不算小，就一定记得这件事。对许多人而言，那天的景象大大地改变了他们的世界观。同样，另有许多事件使我们永远难以忘怀。有的难忘的事件会影响我们的信念，改变我们的人生。罗宾的信念就来源于此，他在13岁那年，立志要当一名体育记者。有一天，罗宾从报纸中得知柯赛尔要在当地的百货公司为自己的新书签名，当时他想："如果我打算成为一名体育记者，就得从访问专家开始，为何不就先从拔尖的人物开始呢？"拿定主意后，他就借了一台录音机，并由母亲开车将他送到现场。

罗宾到达时，柯赛尔先生正起身准备离去，当时在柯赛尔周围群集了许多记者，争相发问最后一个问题。罗宾慌了，他钻进人群的缝隙中，挤到柯赛尔先生面前，用连珠炮的速度表明来意，并问他能否接受自己简单的录音访问。在众目睽睽之下，柯赛尔接受了罗宾的个人访问。此件事改变了罗宾的看法，开始相信凡事皆有可能成功，只要有勇气便可能得到机会。这次不寻常的经验一直鼓舞着罗宾，使他后来成为一位著名的记者。

信念的第三个来源是知识。亲身体验是得到知识的一种方式，另一种可从阅读、看电影等方式得到知识。知识是打破藩篱的最佳方法之一，不论你的环境是何等艰难，如果通过阅读知晓别人的事迹，你就能产生信念，有助于成功。卡尔文博士是一位黑人政治学家，曾在纽约时报上提到，当他还是个青少年时，美国棒球联盟第一位黑人球员杰基·罗宾森对他的影响很大。卡尔文说，从杰基·罗宾森那里得到了鼓舞，杰基·罗宾森的事迹拓宽了他的眼界。

俞敏洪在东南大学的演讲《3个月读60本书，我为什么还要每天读书》中提到，总共不到3个月，他读了60多本书，都是真正引发人思考的书籍。他读的大都是历史书、哲学书，还有现代商业潮流和未来世界发展方向的书，并做了3万多字的读书笔记。

就如俞敏洪所说，人是一个受思想指引的动物，你的思想走到哪里，你就会走到哪里。他的另外一个朋友，北京大学教授张维迎出了一本书叫《理念的力量》，主要内容是社会的发展、商业的发展、思想的发展、创新的发展，以及个人的发展，都是人的理念发生改变的结果。当你的理念指向哪里的时候，你就会走向哪里。如果你的理念觉得你是一个自卑的人，你就是一个自卑的人。理念要在内心中深深地扎根才行，你要是表面相信，实际不相信，就会造成性格分裂。

俞敏洪表示自己是真实地相信，当理念改变、思想改变，就能改变生活。因为人类是靠思想创造现实，通过现实反过来丰富人类的思想。所以，你一定要通过各种各样的办法让自己的理念变得先进。

那么，如何获得先进的理念呢？可以从三个方面获得：第一，大量地读书。读各种各样的书，这样多种思想冲击碰撞以后，你才会通过独立思考形成自己的世界观、人生观、价值观，就可能成为世界上优秀思想的集大成者。

第二是与人交往，这个特别重要。俞敏洪说，他之所以发现自己有思想，是因为结交了一批有思想的朋友。如果一段时间不跟人打交道，就会变得很难受，所以，俞敏洪一个月中就会组一两次饭局，和他们边吃边聊，就能从他们身上学到很多东西。

第三是要行走。走向社会是一步，全球旅行也是一步，出国留学更好。只有这样，你才能知道世界和中国是怎么融合的。俞敏洪说自己从来没有留过学，但会每年去世界各地至少三四个国家，目的是看世界。他走到一个国家一定要参观他们的博物馆，一定要到老百姓的生活区去吃饭，和当地老百姓聊天，也一定会到这个国家的大企业去参观访问。这都能潜移默化地学到知识。

信念的第四个来源是有成功经验。要相信自己能行，最有效的方法就是实际做一次。如果那次成功，你就很容易建立再次成功的信念。这是我的经验之谈。为了配合出书进度，我必须在一周内完成《赚钱教练》的修订稿。一开始我不敢确信完全办得到，但后来在一天内完成了超出预估的内容，才确信截稿前完成修订是做得到的。一旦有这种成功经验后，就发现自己增强了相信能办得到的信念，事情便会做得得心应手。

信念的第五个来源是内心的经验。建立信念之道，便是在内心建立一个经验，想象愿望已经实现。正如先前的经验会改变内心的看法，因而成真一样，你也可以利用想象，期望未来的结果。当周围的情况无法让你生机勃勃,这时你只要把状况想象成你想要的,将自己融入其中,就可改变你的心态、信心和行为。例如,如果你是位业务员,赚1万元容易,还是10万元容易?其实是10万元。为什么呢?如果你的目标只是赚1万元,那么你的打算不过是能糊口便好。如果这就是你的目标与工作的原因,请问你工作时会有干劲、会热情洋溢吗?答案是否定的。难道工作就只为了糊口而已?不论你希望做多少业绩,都得接洽客户,如果你把目标定为10万元,而不是1万元,出门时一定更有干劲、更会热情洋溢,这时你的心态会鼓舞你发挥出比求糊口更高的潜能来。

很明显,金钱不会是激励你的唯一途径。不管你的目标如何,如果你在内心对所追求的有清晰的轮廓,并且假想即将拥有,那么你就会进入能帮助自己实现愿望的状态。

以上就是建立信念之道的方法。然而有许多人不循此途,随意接纳周围的事物,不辨好坏。切记,不可以像随风飘零的落叶一样,必须建立自己的信念,效仿优秀的做法,引导自己的人生,就必能改变当下的自己。

现在,让我们换个角度来看。假设你从一开始便有很高的期望,甚至每根神经都相信自己会成功,那么你会发挥多少潜能?可能不少。你打算采取什么样的做法,会抱着懒懒散散、无精打采的做事态度吗?我敢保证,你不会。这时你会兴奋、有干劲、满怀希望,做得又快又好。如果你是这样的卖力,会有什么样的结果呢?这必然是一个良性循环,你的每一次成功会让你产生更多的信心,并有冲劲去追求更大的成功。

积极进取的人不会出错吗?当然他们也会出错。是不是有积极的信念,就能保证每次做事都成功?当然不是。如果有人告诉你,他有个秘诀能保证你有绝不失手的成功,我劝你最好看紧钱包,离他远一点儿。真正的秘诀是要有持续鼓舞自己的信念，全力以赴地达成最后的成功。林肯曾有几次竞选失败，但是他一直相信自己的能力，最后终于成功。秘诀就在于他拒绝臣服于失败，而让自己处于被成功鼓舞的状态，因此把自己推向卓越，终有所成。

有时候要达到成功，并不需要特别的信念或态度。有些人之所以成功，是因为他们不知道某件事的困难程度或不确定性，换句话说，心里不存有无力感。例如，这个故事中的年轻人，有一次他在上数学课时打瞌睡，下课铃响时，他醒了过来，抬头看见黑板上留了两道题目，以为是当天的家庭作业。回家后，他花了整夜演算，就是算不出来结果，但他锲而不舍。终于，他算出了一题的结果，并把答案带给老师看。老师见了不禁瞠目结舌，原来那一题本来是认为无解的。如果这个年轻人知道无解的话，恐怕他就不会锲而不舍地演算。因为他不知道那题无解，所以不但解开了，同时也另外找出一条求解的方法。

另一个改变信念的方法，就是拥有一个推翻信念的经验。如果你能够做到原先认为完全不可能做到的事，这个经验就会让你推翻旧有的信念。

生命实在是比我们想象得更微妙、更复杂。如果你还没像前面所说的那样做过，就不如试着重新检讨自己的信念，并且下决心改变那些旧的信念。

亲爱的读者，我说你看完这本书，能保证你今年轻轻松松赚到1000万元人民币。你相信吗？为什么不相信？因为你的生命中从来没有过这样的经历与经验。人类的大脑由大脑纵裂分成左脑、右脑两个半球，两个半球经胼胝体，即连接两个半球的横向神经纤维相连。大脑的奇妙之处在于两个半球的分工不同。美国斯佩里教授通过割裂脑实验，证实了大脑不对称性的"左右脑分工理论"，并因此荣获1981年度的诺贝尔医学生理学奖。

按照这一理论，人的左脑支配右半身的神经和器官，是理解语言的中枢，主要完成语言、分析、逻辑、代数的思考、认识和行为。也就是说，左脑进行的是有条不紊的条理化思维，即逻辑思维。与此不同，右脑支配左半身的神经和器官，是一个没有语言中枢的哑脑。但右脑具有接受音乐的中枢，负责可视的、综合的、几何的、绘画的思考行为。观赏绘画、欣赏音乐、凭直觉观察事物、纵览全局，这都是右脑的功能。

研究还发现，人脑所储存的信息绝大部分在右脑中，并在右脑中正确地强化记忆。右脑如同一个书架，架上分类摆放不同的书籍，每本书有专属的书名，书中再分章划节层层记述，右脑信息储存量是左脑的100万倍。思考的过程是左脑一边观察提取右脑所描绘的图像，一边将其符号化、语言化。换而言之，右脑储存的图像的信息经左脑进行逻辑处理，变成语言的、数字的信息。

你的人生，是由你的内心创造的。如果内心的看法和信念是积极的，那就是你创造的；如果内心的看法和信念是消极的，那也是你创造的。

四、如何模塑信念

人们成就大小的区别，就在于信念的强弱。成功的人一般都是信念非常强大的人。当一个人拥有强烈的信念时，不仅坚信且不轻易动摇，倘若有人对其质疑，还会惹得他因而动怒。这种人对于所持的信念不容一丝质疑，甚至排斥新的依据，其程度几乎到了冥顽不灵的地步。比如，历代的宗教狂热分子就只相信他们所信的神才是世上唯一的真神，若有人表示质疑，他们甚至会不惜牺牲生命来维护这个信念。当然，强烈的信念并不只狂热分子才有，任何对某种思想、信仰、主义愿意奉献牺牲的人也都具有这样的信念。一个人不满公共教育的现状，那必然是个人看法，可是那人若自愿推动扫除文盲的计划，就得有强烈的信念；一个人成天在想拥有一支棒球队，这可能是个游移的信念，可是他若千方百计地买下了一支棒球队，没有强烈的信念是不会成功的。

肯定的信念与强烈的信念不同之处在哪里？在于是否有行动的意愿。事实上，一个有强烈信念的人对于所相信的必然执着，为了实现这个信念，他不怕被人三番两次地拒绝，也不怕被人讥笑是个傻瓜。

造成肯定的信念和强烈的信念最大的不同是，后者相信的程度通常较为强烈，那是因为其在脑海里形成强烈肯定的结果，这种信念很可能就是这个人活着的唯一目的。抱持强烈信念的人最可虑的是，他根本不相信这个信念会有错误的可能，因此便一味抱着不放，结果很可能是一败涂地。由此观之，有时候肯定的信念或许比强烈的信念要妥当得多。

不过，强烈的信念也有正面的表现，因为它确实能激励人心，所以会促使我们付诸实际行动。耶鲁大学心理学、政治学教授罗伯·阿拜生曾说过："信念乃是一种动力，而强烈的信念乃是更有价值的动力，让一个人持久不懈地努力，以完成跟大众或个人有关的目标、计划、心愿或理想。"若是想在人生中有一番成就，最有效的办法便是把信念提升到强烈的地步。只有达到这种程度，才会促使我们付诸实际行动，扫除一切横在面前的障碍。肯定的信念固然在某些时候能发挥一定程度的作用，可是有些事还真得有强烈信念那样的程度才能成功。就以减肥这件事来说，对体型肥胖的人来说，唯有强烈的信念才能迫使其下决心减肥，若没有强烈的信念，要想真正瘦下来并非一件易事。当你强烈相信自己是个有能力掌握人生的聪明人时，这个信念就可帮助你度过人生中各种艰苦的时刻。

生命的蜕变是从建立一个强烈的信念开始的。现在你要如何来建立一个强烈的信念呢？首先，你得有一个基本的信念，其次，你得不断吸收新的有力的依据，以强化这个信念。假设你打算从此不再吃荤，要想强化这个决心，你不妨去请教吃素的朋友，是什么原因促使他改变饮食习惯，这对他的健康及生活方面造成何种影响。除此之外，你还得去查找资料，了解动物性蛋白质对人体有何影响。

接着，为自己标举或自创一个印象深刻的例子，让自己明白若不这么做，可能得付出何种代价，并且不断提出疑问以迫使这个信念达到坚定不移的地步。如果你想戒烟，不妨去拜访医院的加护病房，观察因患肺气肿而躺在氧气罩里的病人，或者看一看"老烟枪"的人的肺部X光照片，相信定然能使你建立真正强烈的戒烟信念。

最后，付诸行动。因为每一次行动必定会强化信念，使你有更强的决心持有信念。怀有强烈信念的人，其信念的建立是由于别人的热情所致，他们之所以相信得如此坚定，乃是因为别人也这么相信，这种现象在心理学上叫作群体现象。当人们对于某件事没有把握时，常常会看周围的人是什么做法，然而这并不一定真有帮助，因为他人也可能是错的。

罗伯·查丁尼博士所著的《影响》一书中曾举出一个例子，那是个独特的实验，实验者先安排一个女人在大街上向一位不知情的路人大叫："救命！有人抢劫！"另外再安排两位乔装打扮的路人，对此呼救声不闻不问，依旧往前走。这名被当作实验对象的不知情路人在听到呼救声时，其反应不是立刻前去搭救，而是转头察看旁边的两位路人有何反应，可是当他看到的是一脸漠然，他也就无动于衷，最终没有伸出援手。

其实，这种"跟着大家走"的群体现象会影响一个人的信念，而出现群体现象的原因之一是过于相信专家。难道专家永远是对的吗？

我们不妨以医生为例，有的医生相信水蛭吸血有医学效果。另外，前不久流传医生让孕妇服用一种能治早晨精神不振的药，结果造成胎儿畸形。为什么医生会开出这样的药呢？是因为相信了药厂专家的话，告诉他们这个药是当前最有效的。由此可见，专家的话固然可信度较高，可是你在相信之前最好先求证一下是否有依据。有时候自己的经验也不见得就一定可靠，就以波兰天文学家哥白尼事件为例，当时的人们都认为太阳是绕着地球转的，为什么他们会有这种看法呢？因为每个走在屋外的人都会指着天空说："瞧，太阳从东走到西，由此可见地球是宇宙的中心。"然而在1543年，哥白尼率先做出一套以太阳为中心的太阳系模型，就像历史上其他伟人一样，有勇气对当代专家的"智慧"发出挑战。虽然他的论点并未被当时的人们接受，不过今天已为举世所公认，成了天文学发展的基石。

五、空穴来钱

亚洲首富孙正义说，最初所拥有的只是梦想，以及毫无根据的自信而已。但是，一切就从这里出发。

2006年是我人生中最落魄的时候，天天想着怎么赚钱，突然有一天，灵光乍现，是不是也有人像我一样，天天在想着怎么赚钱，如果出一本专门教别人赚钱的书，这本书一定会大卖。

就这一个点子，使我在晚上激动得睡不着觉，仿佛哥伦布发现新大陆一样。我在纸上写下《赚钱教练》的大纲，之后请了一位速记员，我口述她打字，花了一天的时间，《赚钱教练》一书初见雏形。后面开始找出版社毛遂自荐，无一例外，全部被拒绝。令我印象深刻的是，有位出版社的编辑提出疑问："你既不是知名的企业家，也不是富二代，你有什么资格教别人赚钱呢？"我说，世界长跑冠军王军霞，他的教练既不是长跑冠军,也是不名人,但他能培养出世界长跑冠军。不过,编辑未被说服。

我前前后后一共跑了十几家出版社,但都被拒绝了。不过,我并没有垂头丧气,因为在我的信念里,这一定是一本超级畅销书。为了提高效率,我开始给全国的出版社、图书编辑、文化公司群发我的书稿,功夫不负有心人,2007年我的首部作品《赚钱教练》终于面世。当月荣登当当网经管类图书热销榜前十名,一个月就卖完了首印版(见图十八)。

图十八

当时,我送了一本给朋友孙总。没想到,这成了孙总嘲笑我的谈资,逢人便说:"我认识一个穷光蛋,写了一本《赚钱教练》,这不是以己昏昏,使人昭昭?"有一次孙总又提起这件事,向他的朋友展示我的书,他的朋友接过去翻读了一会儿,然后对孙总说:"你这个朋友,要么是疯子,要么是天才,你觉得他是疯子,还是天才?"孙总愣住了,他想都不敢想的事,别人却去干了,而且还干成了。后来,孙总特意向我赔礼道歉。

《赚钱教练》这本书，让我成功收获了创业的第一桶小金，记得我在书里分享了自己的故事，当时我捕捉到一个商业机会，立即写了十页的融资计划，一个朋友看后热心地为我投入了启动资金，这就是空穴来钱。

第七章

杠杆智慧

> 机遇偏爱有准备的头脑，贵人也是如此。

阿基米德说，给我一个支点，我就能撬动地球。其核心含义是，利用关键支撑点实现以小博大的效果。"支点"既是科学工具，也是思维方式。它启示我们，做事要找到关键支撑点，以智慧与行动撬动可能性。无论是个人发展、企业创新，还是社会治理，都需要从实际需求出发，探索属于自己的"支点"。

一、贵人相助

一位大师说过，一个人的成功首要的不是靠自己，一是需要贵人帮忙，二是需要高人指点，三是靠自己。我们的现实生活中确实如此，很多人的能力并不是很强，然而却生活富裕，同时又有很多人身怀绝技、才华超群，然而却生活窘迫。

你在这个世界上设定什么样的目标不重要，重要的是谁可以帮你。

我有一个朋友，他从小就想成为大明星。因为他特别崇拜李小龙，所以从15岁时就开始刻苦地练习武术。后来他开了一家武校，有了稳定的经济来源，儿时的梦想开始从心底燃起火苗，之后投资自导自演拍了一部电影，因为没有经验，也没有知名度，所以电影完成录制后，却无人问津。这部电影耗光了他的所有积蓄，对他来说意味着一切重头再来。

大家以为这个朋友会痛定思痛，放弃这个不切实际的梦想。可是，三年后正逢李小龙诞辰70周年，他再次点燃了当明星的梦想，计划趁此时机拍一部关于李小龙的故事的电影。因为没了积蓄，所以他只能通过抵押贷款筹备资金，并吸取上次拍电影的教训，高价聘请香港明星来参演。没想到，电影开拍后，开销直线上升，拍摄中途就把钱全花完了，他不愿半途而废，只能到处借钱，几经周折终于把电影拍完了。但是，这部电影在国家广电总局审查时没通过，无法在电影院上映。可谓是竹篮打水一场空，甚至被讨债公司的人堵在家里，朋友被逼得实在没办法，爬到阳台的窗户上就要往下跳，他的妻子拼命地拉着他的腿，大声哭着说："你连死都不怕，你还怕欠这些钱吗？你跳楼了，留下我们孤儿寡母怎么活呀？"朋友猛然醒悟，是呀！我连死都不怕，我还怕讨债的吗？于是从窗户上跳下来，走到讨债人的面前说："你现在把我砍死，就得杀人偿命。如果给我一年的时间，我就能赚钱还清债，请你回去协商。"后来讨债人和债主协商，同意给朋友一年的时间。

朋友有了一年的缓冲时间，立马到处打听如何才能让自己的电影上映，他到处奔波，并拜人为师，并请贵人指点，果不其然，朋友过了几天就收到电影即将上映的好消息。他挂了电话，泪如雨下。电影顺利在影院放映，朋友通过票房和广告收入还完了借款。后来，朋友制作并参演了多部电影，如愿成了一个明星。

俗话说，贵人扶一步，胜过十年路。贵人相助会让你的成功之路变得通畅，同时自己也要有破釜沉舟和从头再来的勇气与毅力。

二、什么是贵人

1. 比自己成功的人或某个领域比自己有专长的人

我的一位朋友曾到一处寺庙参加"企业家云思维禅修班"的课程，其间寺庙的主持绍云法师路过禅堂，大家很激动，请绍云法师到禅堂给大家开示。绍云法师进了禅堂后，"扑通"一声跪下来，然后说："大家都是企业家，你们养活员工、造福社会，所以你们都是佛菩萨在世，我给你们顶礼。"说完给大家磕了三个头，接着起身走了，一时间在场大大小小的企业家被震惊得哑口无言。

2021年，我们的商会要办一场慈善公益活动，需要去向陌生人募集善款，大家热火朝天地打了几天感召电话，基本上对方都是婉言谢绝。团队的所有人都认为这次公益活动无法举办了，但在我坚持不懈的努力下，公益活动最终成功举办。通过这次经历，我终于明白什么是用心，用心就是用爱，用心就是活在当下、带着觉知去做事！通过这次公益活动，我才看到自己对社会和他人的冷漠，原来我一直没有为社会和他人付出过真心。我终于明白为什么很多人说我不接地气，因为我只会说开悟，并没有践行用爱去服务他人，我所说的大爱和做的事情并不一致。当我意识到这个问题，之后举办公益活动时，我都会主动去后厨帮忙，刷碗、打扫卫生，开始学会付出，学会服务他人，去唤醒生命之光。

我终于明白邵云法师如此德高望重的人，为什么要给一群陌生的企业家磕头顶礼，因为真正的大师是放下自我、成就别人的人！

2. 心地善良、乐善好施、乐于助人的人

第二次世界大战期间，德国纳粹疯狂地迫害犹太人，大批的犹太人倒在纳粹的屠刀之下。其中有个犹太人父亲对两个儿子说，我走不了了，你们赶紧去找曾经帮助过我们的瓦西里，请他帮助你们逃生

吧！兄弟二人眼含热泪告别父亲，逃了出来。然而在逃亡的过程中，兄弟二人在向谁寻求帮助这一问题上产生了分歧。

大儿子认为，他们曾经多次帮助过希特拉，他应该去找他帮忙，于是他去了希特拉的家。小儿子则是听从父亲的话，去找了瓦西里。结局是大儿子被希特拉出卖，德国盖世太保把大儿子杀了，而小儿子在瓦西里的帮助下得以逃生！

由此可以想见，帮助过你的人和你帮助过的人，显然后者会更容易再次帮你。如果你急需帮助的话，还是去找那个帮助过你的人。因为一个人能够帮你第一次，就足以证明他是一个善良且乐于助人的人，这样的人往往会帮助你第二次。

而那些你帮助过的人，是无法通过帮助他们去了解其为人，所以获得他们的帮助的概率会低得多。毕竟，你无法指望一个你不了解的人会知恩图报。

网络上流传着一段话，意思是找伴侣，要找到一个本身就很好的人，而不是一个对你好的人，因为本身就很好的人有教养、有底线。而对你好的人，一旦对你不好了，是没有底线的。懂的自然懂，不懂的被伤过也就会懂了！同理，找合作伙伴，一定找善良的人。善良的人，有信仰，有良知，不会为了金钱而不择手段。

3.真正对你的人生有积极正面的帮助或补足自己短板的人

我曾经与一个老板合作投资做项目，因为对这个老板不太了解，就向介绍我们认识的朋友打听这个老板的人品。

朋友说，老板分三种：第一种是索取型老板，做任何事都想占便宜，永远不愿吃亏；第二种是互助型老板，你帮他，他也帮你，讲信用、不多贪，互相成就；第三种是奉献型老板，愿意帮助别人，愿意多付出、多奉献。我立刻明白了，我所认识的这个老板是一个永远不愿吃亏的人，于是果断地取消了合作。同理，朋友也可分以上三种，所以我们要远离索取型朋友，多交奉献型朋友。

谁都想遇到贵人，可贵人也不是遇到谁都帮忙的，换而言之，贵人也会挑选人，你是否值得投资就变得很重要。什么样的人是值得投资的人呢？近年来，不断扩展市场、成就非凡的亚力山大公司董事长唐雅君，自出道以来一路有贵人扶持。她的两位贵人李成家与戴胜通说："她有潜力，教她我会有成就感！"所以，我们想要遇到贵人，首先要成为值得投资的人。

三、怎样遇到贵人

所谓贵人，就是处以高位并且欣赏你，帮助你发展事业的人。以下八种人是贵人通常考虑给予帮助的，学习拥有这些人的品质，就有助于提升你遇到贵人的概率。

1. 感恩心强的人

感恩心强的人散发的潜意识会使贵人觉得帮助他会有成就感。

感恩心强不能理解为口头说"谢谢"，而应是内心深处真正感激他人。如果表面感恩戴德，内心刻薄怨恨，散发的气场或者潜意识的沟通仍是负面的。倘若你是一个牢骚满腹、思想负面、抱怨不停的人，贵人通常对你敬而远之，有意或者无意觉得和你相处得不舒服，这种感觉是潜意识的。

牢骚大王最爱与牢骚大王交朋友，但也最容易互相闹矛盾，他们因爱发牢骚而志同道合，又因互相指责而关系破裂。爱发牢骚的人难以成功。

2. 成就欲望大的人

贵人可能要求物质回报，也可能要求是精神回报，任何回报都不要的贵人实际是不存在的。如果你的成就欲望小，贵人的回报也就没希望了，所以成就欲望大的人比较容易遇到贵人。

3. 聪明的人

聪明的人的事业容易成功，贵人得到回报的可能性大，因此聪明人容易遇到贵人。

4. 大气的人

贵人从自己的经验知道，小气的人的事业不容易成功，大气的人的事业容易成功，所以贵人喜欢帮助大气的人。如果你斤斤计较，内心情绪容易波动、爱面子，就不太容易遇到贵人。因为爱面子的人一般不但行为上容易畏首畏尾，而且难以感恩别人对他的帮助，抗挫折能力差。

5. 交际面广的人

这条道理毋庸置疑，此不赘述。

6. 创新能力强的人

创新能力强给人一种解决问题能力强的暗示，而且创新能力强的人特别引人注目，容易引起贵人的兴趣。贵人会认为这种人的事业容易成功，值得帮助。

7. 行动力强的人

所谓行动力强，就是有想法就很快付诸行动，而不是左思右想，瞻前顾后。贵人从自己的经验知道，行动力强的人的事业容易成功，所以行动力强的人容易遇到贵人。

8. 开心的人

开心的人容易让别人开心，因为贵人也是人，人总是要远离痛苦、走向幸福的，所以贵人喜欢和开心的人待在一起，这样贵人也容易开心，贵人的幸福感也更强。

其中第一种品质是必备条件，其他品质具备得越多，你遇到贵人的可能性就越大。

四、如何吸引贵人

一个人的成功需要贵人帮助，你用什么吸引贵人，贵人凭什么要帮你？

首先要塑造你的个人品牌，这要从基本的信守承诺做起。

香港的报业大王本来是某报社的业务员，却在短短三年内建立起了自己的报业王国。大家请他分享自己的成功经历，他就讲了自己的故事。

三年前的一天，香港刮起了台风，暴风雨让交通一时间陷入瘫痪。大家都躲在屋里不敢出来。有一位大爷清早起来，习惯性地看报纸是否送来，那天他没有看到报纸，就打电话给报社问情况。接电话的业务员很没好气地回答道："你没看到今天是什么天气吗？这样的天气叫我们怎么送？"说完"啪"的一声挂了电话。大爷很生气，又打了过去。原来接电话的那个业务员出去，我刚拿起电话，大爷就不分青红皂白地骂了一通。我知道了事情的原委，也不生气，说道："您放心，半个小时之内我把报纸给您送到！"

我披上雨衣，骑上车子，把要送的报纸用油布包了六层，顶风冒雨，终于在约定的时间内把报纸送到了大爷的家里。大爷很感动，让我坐下来歇息一下。这时，我掏出两元港币递给大爷说道："对不起，我为报社没有准时把报纸送到向您道歉！这是您给我们报社打电话的费用，请收下。再次向您道歉！"大爷收下了钱，我这时拿出了一张卡，接着说道："我用我的薪水为您订了下半年的报纸，希望您能继续关注我们的报纸。"大爷非常感动，紧绷的脸也露出了笑容，并请我坐下来，递给了我一份名单，让我联系这些人来拓宽业务。原来，这个大爷是某个商业协会的会长，他对我说道："好好干，我相信凭你的人品，你一定会成功的！"后来我在这位大爷的帮助下我开始起家，从而成就了自己。

因为客观原因而没有遵守承诺不重要，关键在于你以什么样的态度去弥补。其实，任何一次失败或一次跌倒，都蕴含着机会，有的人却把握不住机会，也留不住贵人。转危为机，关键在于你用何种心态应对。

贵人不是天上掉下来的，而是靠你吸引来的，不断增加你的信誉度、承诺度，贵人将不请自来。看完这篇文章要马上想到自己的亲人和朋友，并思考，我可以为他们做些什么？一是写出十个估计能帮助自己的贵人名单，二是想十件自己能给贵人做的感动对方的事情，三是把陌生人变成朋友，把朋友变成兄弟，把兄弟变成手足。

成功需要贵人相助，如何吸引贵人？

（1）主动出击，但不要过于唐突和冒昧，更不能轻易打断别人的话，选对时机最重要。主动出击的方式有：

①主动帮助贵人。首先要了解对方的问题、需求及渴望，所给的帮助得让他刻骨铭心且不露痕迹，发自内心为他解决问题是真正的核心。

②主动服务并请教贵人。可以这样向贵人表述：您好！我可以在哪方面协助或配合您呢？很期望得到您的指点，您认为我怎么做可以做得更好？

③主动送小礼物。送些对方真正喜欢，或对他（她）有帮助、有价值的东西，不一定是金钱，有一些非常难得或稀有的东西更有意义。

（2）抛头露面，比如，参加课程比参加社交活动遇到贵人的机会要更多，爱上课的人通常人品不差、层次不低、经验不少。因短暂的活动无法长时间地交流与沟通，只有在数天的课程中才有更多的交流机会。

①多参加诸多的高档社交活动与课程。

②多使用专属自己的贵人色。

③多吃与贵人属性有关的食物。

④积累贵人档案并分类。

珍惜你所收到的每张名片，每次收到名片都要在这张名片的旁边注明自己对他的总结：结交日期、特征、专长、优势、行业分类，分类包括朋友、同行、潜在客户、媒体等。或将贵人等级分类（A级、AA级、AAA级等）。

当你接受名片时要保持一份感恩的心，并对这张名片默默地输入：感谢与你结识的缘分，感谢你介绍我认识贵人！你一定是我的贵人！我也一定能对贵人有巨大的帮助！

遇到贵人往往是偶然与必然的交织，这些经历不仅能改变人生轨迹，也传递着人性中互助与善意的力量。以下是一些经典案例和故事，涵盖不同领域与背景：

1. 马云与孙正义：6分钟改变命运

1999年，马云为初创的阿里巴巴寻求融资资金。马云在软银总裁孙正义的办公室，用6分钟阐述了"让天下没有难做的生意"的愿景。孙正义当即决定投资2000万美元，后来追加到8000万美元。这笔资金帮助阿里巴巴度过互联网的泡沫危机，成为全球电商的巨头。

贵人往往被清晰的愿景和激情打动。当你足够坚定且目标明确时，机会可能以意想不到的方式降临。

2. J.K.罗琳与匿名编辑：《哈利·波特》从退稿到风靡全球

J.K.罗琳在创作《哈利·波特》时遭到了12家出版社的拒绝。直到一位匿名编辑将退稿带回家给8岁的女儿试读，孩子读后迫切地追问后续，编辑决定联系罗琳合作出版《哈利·波特》。这本被"孩子的眼睛"拯救的书，最终风靡全球。

贵人可能藏在看似失败的经历中。坚持打磨作品，并让合适的人看到它的价值，是突破困境的关键所在。

3.达·芬奇与韦罗基奥：学徒逆袭大师

15岁的达·芬奇在佛罗伦萨拜师艺术家韦罗基奥。韦罗基奥发现他的天赋后，不仅传授技艺，还允许他参与自己的画作。传说在《基督受洗》一画中，达·芬奇绘制的天使让老师自愧不如，从此韦罗基奥不再作画，专注培养达·芬奇。

贵人可能是善于发现你的潜力并甘愿"让路"的人。但前提是，你必须用实力证明自己值得被托举。

4.奥普拉·温弗瑞与父亲：从问题少女到传媒女王

奥普拉少女时期叛逆，她的父亲弗农·温弗瑞接管抚养权后，制订了严格的学习计划，要求她每周背诵20个单词，并鼓励她参加演讲比赛。这段经历让她重拾自信，最终成为美国最具影响力的媒体人之一。

贵人可能是家人，他们用看似"严厉"实则饱含爱的方式重塑你的未来。接受约束与引导，有时是蜕变的开始。

5.莫言与《莲池》编辑：无名作家的伯乐

1979年，莫言向文学杂志《莲池》投稿多次被拒。某天，编辑毛兆晃在退稿堆中发现他的《春夜雨霏霏》，被其质朴的文字打动，冒险刊登了这篇不符合当时"主旋律"的小说。这是莫言的首部公开发表作品，为他打开了一扇文学之门。

贵人可能在你尚未成熟时看到闪光点，所以，即使你的能力未被广泛认可，也要持续发挥，等待慧眼识珠。

6.流浪汉与咖啡店老板：陌生人的救赎

美国退伍军人哈里斯因创伤后应激障碍流落街头。咖啡店老板罗莎每天请他喝咖啡，并让他帮忙打扫来换取餐食。某天，罗莎发现哈里斯颇有涂鸦天赋，便将其画作挂在店内出售，最终帮他举办画展，改变了他的命运。

贵人可能以最平凡的身份出现。保持善意与开放心态，普通人之间的互助亦能创造奇迹。

北京有一对夫妻，所居的别墅1000多平方米，价值上亿，这样的房子，夫妻俩有三处。但夫妻俩都是小学毕业，如此低的起点，是如何实现财富自由的呢？记者采访夫妻俩的创业史，总结了三点成功经验，对我触动非常大。

第一是做人本分，只赚自己能力范围之内的钱。他们在工地上做了两年小工，攒了点钱，然后成立了一个小包工队，接点小工程项目。无论谁给他们介绍工程项目，都把利润的大头让给介绍人。正常情况下，一个工程项目按行规会给介绍人3%—5%的介绍费，他们不这样做，而是在工程结束后，扣除自己认为应得的钱，把多余的钱全都送给介绍人。有一次，他们接到一个项目，评估应该能赚50万，没想到遇到建材大降价，一下赚到了200万，如果按行规最高点5%计算，介绍人会得到10万，没想到夫妻俩扣除自己应得的50万，果断地把多余的150万全给了介绍人。介绍人实在不好意思收下，说自己只是介绍，辛苦劳动的是他们，并坚持只要10万，夫妻俩看对方不肯收，就丢下钱后急忙开车走了。这样的为人处世，所有给他们介绍过工程项目的人，都成了他们非常忠诚的渠道商，夫妻俩的工程项目也越接越多，成了行业大咖。

第二是做事大方。有一次，朋友给他们介绍了一位房地产开发商，对方正要开发一片住宅区，开始把工程面向社会招标。他们也参与投标，并请房地产的老总到自己的会所看投标方案，看完投标方案后，房地产老总说要货比三家，才能定工程交给谁做。大家谈完工作后，这位老总就顺便参观了他们的会所，边看边对会所的设计装修赞不绝口。没想到他们夫妻说，你要是喜欢，我们就把这个会所送给你。房地产老总以为是开玩笑，就随口说好呀！第二天，夫妻俩就带着律师，拿着房产证和捐赠协议去房地产老总的办公室，真要把会所送给对方。房地产老总还担心，夫妻俩是不是为了得到这个工程才这样做，而且再三强调，工程必须货比三家后才能确定花落谁家。夫妻俩说，他们不是为了得到这个工程，如果工程没中标，证明自家方案不如别人好，他们会改进，争取以后开发别的房地产项目时，他们在竞标中获胜。房地产老总回应："我可是个商人，你们白送我这么大个会所，我肯定会要，但有言在先，我可不保证工程一定会让你们做，你们可要考虑清楚，别没中标后就后悔了！"后来，这个房地产商开发的所有楼盘，全交给这夫妻俩承建。

第三是广结善缘。记者问夫妻俩，有没有介绍人介绍的工程项目是亏损的？他们说有这样的工程，自己没做好预算超支的，还有延误工期被罚款的或是工程尾款结不回来的，但他们一样还会按行规把工程款的3%到5%给到介绍人。记者问："工程亏损了，为什么还给介绍人佣金呀？"他们回答："是自己的原因把工程干赔了，与介绍人没有关系，虽然这次业务赔钱了，但介绍人还会再介绍其他业务，这钱迟早还会再赚回来的。"

夫妻俩还有一个经商理念：和气生财，与任何人合作不红脸。他们虽然没有高学历，但是为人朴实，说："多个朋友多条路，多个敌人多堵墙，做事业就像一场马拉松，千万不要当成百米冲刺，急功近利，路遥知马力，日久见人心，脚踏实地才能做好事业。"

五、赚钱的四大窍门

赚钱的四大窍门：搭班子、定战略、学先进、靠"大树"。这四个方面相互关联、相辅相成。搭好班子是赚钱的基础，为定战略、学先进和靠"大树"提供组织保障；定战略是赚钱的方向指引，确保班子的努力方向正确；学先进是提升赚钱能力的重要途径，有助于更好地制定和执行战略；靠"大树"则为组织发展创造有利条件，加速赚钱目标的实现。它们共同构成了一个组织实现可持续赚钱的重要策略组合。

1. 搭班子

搭好班子是赚钱的关键，它能够确保决策的科学性和执行的有效性。"生意好做，伙计难搭"，这句话反映了在商业活动中，找到合适的合作伙伴或团队成员，并维持良好的合作关系是具有挑战性的，比单纯地开展生意更为困难。主要有以下原因：

（1）价值观差异。合作伙伴在经营理念、诚信原则、对待客户的态度等方面存在分歧，会导致经营策略和行为方式的不同，进而影响生意的发展方向和团队的凝聚力。例如，有的人注重短期利润，可能会采取一些损害品牌形象的行为，用便宜的材料换取利润，却让产品质量下降。而有的人注重长期发展，希望通过多投资提升产品质量和服务水平来赢得市场，这种价值观差异就会引发一些冲突。

（2）能力与责任不匹配。搭班子需要各方在能力上相互补足，共同推动生意发展。如果一方能力不足，无法承担起相应的工作责任，或者各方对自身责任的理解不一致，就容易出现工作漏洞或重复劳动，影响生意的效率和效益。比如，在餐饮生意中，负责采购的伙计经常不能及时采购到新鲜的食材，导致菜品质量下降，就会影响生意。

（3）利益分配不均。这是导致班子难搭的一个常见原因。如果在利润分配、股权设置等方面不合理，或者没有建立公平透明的利益分配机制，就容易引发伙计之间的矛盾和纠纷。

（4）性格与沟通问题。如果伙计之间的性格差异过大且缺乏有效的沟通和协调，就容易产生摩擦和误解。比如，有的人性格直爽，说话容易得罪人；有的人性格内向，遇到问题不愿意主动沟通，这就容易导致矛盾重重，合作不愉快。

可采取如下应对措施：

（1）明确合作原则和目标。合作之初，双方就应明确共同的经营目标、价值观和行为准则，确保伙计们在大方向上保持一致的步调。这可以通过签订合作协议等方式，将这些内容明确下来，作为合作的基础内容。

（2）合理分工与考核。根据伙计们的能力和特长进行合理分工，明确各自的职责和工作范围。同时，建立科学的绩效考核机制，对伙计的工作表现进行客观评价，根据考核结果进行相应的奖励和惩罚，确保责任与利益相匹配。

（3）建立公平的利益分配机制。制定公平合理的利益分配方案，充分考虑伙计们的投入、贡献等因素。这可以采用多种分配方式相结合的方法，如基本工资、绩效奖金、股权分红等，让伙计们感受到付出与回报是成正比的，有足够的动力投身工作，形成良性循环。

（4）加强沟通与团队建设。定期组织伙计们进行沟通交流，比如，分享工作的进度、遇到的问题和创新的想法，更要及时解决矛盾和调和分歧。同时，通过开展团队建设活动等方式，增强伙计之间的了解程度和信任程度，营造良好的合作氛围。

在此分享我的搭班子经验，组建团队前开一场"梦想茶话会"，置办些水果、点心，大家围在一起轮流介绍自己，并分享自己的梦想，通过每个人的自我介绍及其梦想，就能了解他的家庭环境、当下的生活状态，以及他的思想和价值观，然后筛选出合适的人才组建团队。农民种地，要想获得大丰收，第一步是筛选出饱满的种子，否则，后面无论你多么辛勤地耕种、施肥、除草、浇水，都无法结出饱满的果实。

成年人的世界只有挑选，没法培养！因为要考虑成本问题。

（1）时间成本。人的时间、精力都是有限的。合作或招聘要倾向于有相关经验的人，因为培养新人需要投入大量的时间和精力，而直接挑选合适的人才可以快速满足工作需求。比如，一家公司急需开发一款软件，应是直接招聘有项目经验的程序员，而不是花费数月培养一个新手。

（2）机会成本。在竞争激烈的社会环境中，每一次选择都伴随着机会成本。如果选择培养一个人，就可能会错过其他更好的机会。比如在投资领域，投资者更愿意把资金投入到已经有一定发展基础和潜力的项目或企业，而不是去培养一个刚刚起步且前景不明朗的项目。

（3）教育成本。成年人的性格、思维方式和行为习惯已基本成型，改变和培养的难度较大。例如，一个有拖延习惯的成年人，要让他变得高效自律是件困难的事情。在人际交往中，我们更倾向于挑选一个三观一致、性格相合的人做朋友或伴侣，而不是试图去改变一个与自己的三观、性格差异很大的人。

2.定战略

制定公司的长期发展方向和规划，这需要对市场环境、竞争对手、自身资源和能力等进行深入分析，明确公司的定位和目标，确定实现目标的具体路径和策略。科学合理的战略能够为公司提供清晰的发展方向，实现资源的有效配置，使公司在复杂的市场竞争中占据有利地位。

定战略的核心是拥有人才。有了人才，绝大多数问题都会迎刃而解！老板第一重要的工作是挖掘人才，找到所属公司的姜子牙、诸葛亮、刘伯温……

3.学先进

学习行业内优秀企业或其他先进公司的成功经验、管理模式、技术创新等。通过借鉴他人的长处，可以少走弯路，加快自身的发展步伐。学先进不仅包括向同行学习，还可以跨行业学习，从不同的领域中汲取灵感和启示，不断提升组织的竞争力。

4.靠"大树"

寻求有实力、有资源的合作伙伴或靠山来支持公司的发展。这可以是与大型企业建立合作关系，借助其品牌、渠道、资金等优势，也可以是依靠政府部门、行业协会等政策支持和资源倾斜。靠"大树"能够为公司提供稳定的发展环境和有力的支持，帮助公司在市场中快速成长。

总体来说，靠"大树"有以下作用：

（1）获得资源与机会。依靠"大树"能够接触到原本难以获得的资源，如资金、人脉、信息等，还能得到一些特殊的发展机会，例如参与重要项目等。这些资源和机会可以为公司和个人的发展提供有力的支持，加速企业成长的进程。

（2）降低风险。"大树"通常具有较强的稳定性和抗风险能力，在其庇护下，公司面临的业务不稳定、资金周转困境等风险可能会降低。当公司遇到困难时，也更容易获得帮助和支持，从而避免一些不必要的挫折和损失。

（3）学习与借鉴经验。有机会近距离观察、学习"大树"所代表的成功模式、管理经验、思维方式等。"大树"往往在其领域内具有丰富的经验和卓越的成就，通过与其接触和合作，企业和个人可以从中汲取有益的养分，以提升公司的综合能力。

我有位朋友开了一家装修公司，市场上竞争激烈，他就千方百计地找到一个大型房地产开发公司做股东，便再也不用为业务发愁，现在已经发展成为一家装修集团公司。

第八章

重构认知

> 人类可以通过改变自身的内心世界而改变自身的外在世界，这就是我们这个时代最伟大的发现。
>
> ——威廉·詹姆斯

人和历史，都是在螺旋式发展中前进。"立志—被打击—失去信心—重拾信心—被打击—失去信心—重拾信心"，类似轮回往往要经历十几次，人才逐渐成熟起来。人生、创业注定都不会是一帆风顺的，往往是走三步，退两步。身处绝境却不绝望，备受打击却不气馁，你终会迎来柳暗花明的惊喜。

一、吉财凶财

我有个朋友炒股，赔得底掉，急着翻身。于是他开始研究炒期货，大赚一笔后与我分享喜悦，并说带着我一起发财，问我要不要加入。我笑笑说，钱分两种，吉财与凶财。

什么是吉财？就是按照自然规律之道而获得的钱财。什么是凶财？就是占别人的便宜，通过坑、蒙、拐、骗，即做缺德事而获得的钱财。

古人讲，钱财会凶入凶出。什么是凶入呢？不是脚踏实地得来的钱财。什么是凶出呢？这种钱财附带灾祸，你终究留不住，这叫凶出。

炒股、炒期货，起心动念撒的都是投机的种子，怎么可能收获踏实的财富？但是，那位朋友听不进劝说的话。

赚钱要得法。赚钱辛苦吧？太辛苦了！我出身于一个普通的家庭，曾经拿过一个月600元的工资，还被老板肆意克扣。以前确实觉得自己赚钱辛苦，现在我的想法改变了，觉得赚钱不辛苦，只是多少的问题。其实想赚很多钱的人，要懂这个道理，自然就明白赚钱很容易，富有是有方法实现的，而且是通用的方法，不是狭义的个人的方法。首先要知道财富的来龙去脉，其次要掌握赚钱的道理，这既不会觉得赚钱辛苦，也会赚到更多的钱。

请问你想赚钱吗？那么你需要做的第一件事是知道钱是谁的。请问你认为钱是谁的？请记住，钱永远不是自己的，钱永远都不属于自己。

有的人可能好不容易攒下一些钱，但是遭遇了天灾人祸，一下子花光了积蓄。有的人家境富裕，但是不小心犯了错，便用花钱为自己免灾，这种例子比比皆是。有的人家境一般，却遭受疾病缠身，最后人财两空。有的人虽然家境殷实，但是可能被盗贼、骗子惦记着，最后舍财不少，甚至严重的连命都搭进去了。有的人生活富足，家里却出了个败家子，老爹拼杀有力，儿子只是吃喝嫖赌，结果是日沉西山。

钱不是万能的，但没有钱是万万不能的。这个道理很简单，我们的劳动、我们的辛苦会兑换成货币，再用货币去兑换生活所需，所以在物质社会中，钱确实重要。

钱不仅有正面的作用，还有反面的作用。我们不难看出，钱在运作的时候，既可以保证我们在社会上生存的基本需求，也可能会使我们遭遇一些意料之外的灾祸。大家明白了这个道理以后，就对钱有了一个全新的认识，那么，我们要思考的是怎么赚钱？赚钱只有一条规矩，出售贫穷就能致富。当你把你的贫穷卖掉，你就富有了。很多人一下子不能理解，一开始我认知道这个真理的时候，也觉得匪夷所思。

什么是贫穷，该如何出售它？比如，你的家里满是杂七杂八又没有用处的东西，依然舍不得丢，你的小气，你的卑劣之心，你的人穷志短的气质，这些都是贫穷的显现。换句话说，一切和富有相违背的事物，都是贫穷的特征，一个大富大贵的人，不会有一个叫花子的心思。如果一个叫花子有大富大贵的气质，即便没有财富，也是个普通百姓。所以，我们需要体会到赚钱的第一原则是出卖贫穷。赚钱的第二原则是在出卖贫穷以后，用自己的财富帮助有需要的贤人。比如，你的父母、你的家人、你的朋友、你的邻居，一切需要你帮助的人且是有贤的，这个很关键，因为你没有理由对一个强盗阿谀献媚。贤的前提是什么？这个需要仔细分辨，父母养育你，兄弟姐妹呵护你，朋友开导你，隔壁邻居帮助你，这些不为世间祸害之人都在贤人之列。除此之外，老师也是贤人。要诚心地帮助一切需要帮助的人。当然自己要力能从心，如果你只有100斤的力气，却想要帮人拉起1吨的东西，可以搭把手，没必要打肿脸充胖子。

那么你帮助的是贤人吗？供养贤人不是一朝一夕可以理解的，目前我也在体会中，以前听有钱人演说，赚钱很容易，当时觉得不可思议。后来有了类似的体会，其实合理支配财富才是关键。自己能保障生活的基本需求，其他的财富永远不要用在自己一个人身上，你可以用在周围的人身上，保证你得到的远大于你付出的。一个人能为朋友着想，能为家人着想，能把一切美好的东西给予这些人，就能收获无限多、无限广的东西，而这种收获很难用简单的数字来衡量。

社会上很多有钱人、名人，他们把部分财富毫不吝啬地贡献出去，说实话，以前我觉得是哗众取宠，捐出去的就是九牛一毛。现在想来，其实不然。这些人为什么富有，因为他们深知钱永远都不是自己的，所以供养贤人、捐学校、捐庙宇等。学校能出流氓也出恶魔，有贤人而没有学校，贤人兀术。没有庙宇，好的和尚、道士无法脱颖。别人一获千金，我也心动，可是人家也会一掷千金。俗话说，会花钱的人就会赚钱，这可不是那么容易理解的。释迦牟尼说得好，供养贤人，即使你没有钱，也可以用你的劳力。行动起来很难，你有钱了更该帮助这些人，你理解了，开始做了，财源自然会广来。

有这样一个故事：一位国王为全国人祈福，就点了万盏油灯。有位老奶奶生活过得很清苦，可是听闻国王的善举，就用了仅有的三个铜板购买了两盒灯油和一盏油灯，灯油店老板知道了老奶奶的用意，就附送了一盒灯油。老奶奶谢过以后就点燃了自己的油灯，全国若干盏油灯都没有老奶奶的那盏耀眼，原来老奶奶暗暗发愿，如果我可以如佛一样神圣，就请让我这盏油灯最为耀眼并永不熄灭。这个时候，佛弟子经过，听到了老奶奶的宏愿，心生不满，就用袈裟煽动老奶奶的油灯，结果越是煽动，油灯越是明亮。释迦牟尼佛对弟子说，这盏油灯不是你可以灭的，她用毕生之力而供养赞扬佛的美德，发出宏愿，她已经升华了。前世的她因为小气而无法成佛，现在她已经觉悟，她将坐化成佛，名曰灯芯如来。

故事很浅显，道理并不深奥。这个故事是说，越是一无所有却又倾尽全力者，越是大愿如虹。国王万灯，不如老妇一盏，人活着，不能只为自己，还要为别人。其实不是因为你的财富少，而是功德不足！虽然我们不是富有的人，但是我们有一颗比富人有志气、有想法的心。如果人活着只为自己，就会活得很脆弱，即便生活富足也会感到无聊。如果人活着想着的是大家，就会觉得活力无限，可以去做很多事。有的人暴富后吃喝嫖赌，每天无所事事，这叫作为富不仁，最终他会失去所拥有的。

所以，别哭穷，也别哭不幸，之所以穷，是因为不会为别人着想；之所以不幸，是因为不会供养贤人。

二、提升格局

有这样一句话：再大的烙饼，也大不过烙饼的锅。这句话的哲理是，你可以烙出大饼，但是你烙的饼再大，也会受锅的限制。我们所希望的未来就好像这张大饼一样，能否烙出满意的"饼"，完全取决于锅，这就是所谓的"格局"。

什么是格局？格局就是指一个人的眼光、胸襟、胆识等。谋大事者必要布大局，对人生这盘棋来说，我们首先要学习的不是技巧，而是格局。大格局，即以大视角切入人生，力求站得更高、看得更远、做得更大。大格局决定事情发展的方向，掌控了大格局，也就掌控了局势。

一个人拥有大格局，未来发展的路才能宽广！如果把人生当作一盘棋，那么人生的结局就由这盘棋的格局来决定。要想赢得人生这盘棋的胜利，关键在于把握好棋局。舍卒保车、飞象跳马，种种棋局就如人生中的每一次博弈，棋局的赢家往往是那些有先予后取的度量、统筹全局的高度、运筹帷幄而决胜千里的方略与气势的棋手。

成长的问题的关键在于，自己给自己建立生命格局。

局限就是格局太小，为其所限。我们要不断刷新自己的知识结构，尽量涵养一种大胸怀。有大境界才能有大胸怀，有大格局才有大作为。

大格局者一般是有开阔的心胸，没有因环境的不利而妄自菲薄，更没有因为能力的不足而自暴自弃。而小格局者一般是会因为生活得不如意而怨天尤人，因为一点小挫折就一筹莫展，看待问题的时候常常是一叶障目而不见泰山，成为碌碌无为的人。

一颗石榴种子的三种结局：一是放到花盆里栽种，最多只能长到半米多高；二是放到缸里栽种，就能够长到一米多高；三是放到庭院空地里栽种，则能够长到四五米高。人生所能到达的高度，往往是人们在心理上为自己选定的高度。如果一个人心中从来没想过到达顶峰，那么，他就永远不会获得成功！

大格局者有大器量，不轻易被琐屑小事牵绊。这里分享一则《唾面自干》的成语典故：唐朝宰相娄师德的弟弟被任命为代州刺史，临行之时，娄师德问道："我是宰相，你也当了大官，我们家太过高贵，会招人嫉妒，无数人想取代我们，应该怎样才能保全性命呢？"弟弟道："今后即使有人吐我一脸口水，我也不还嘴，把口水擦去就是了，绝不让你担心。"

娄师德道："这恰恰是我最担心的。人家朝你脸上吐口水，是对你发怒。你把口水擦了，证明你心有不满，会使人家更加生气。正确的做法是，你应该虚心接受，让唾沫干掉。"

一个人器量的大小决定事业的大小。用人可用之处，不求全责备。别让猜疑毁了你的人生，原谅别人其实就是放过自己。宽广的心胸稀释人生的痛苦，看淡名利得失，保持平常心，坦然面对生活。

大格局者有大志向，每一天都是进步的过程。定位高的人不会让自己得过且过，不仅胸怀大志，还会从点滴做起。为了明天的成功，能耐住今天的寂寞，集中精力支配自己的时间。

实现大格局的途径并不是先天性的，和你目前所处的人生环境也没有必然的联系。格局是一个人对自己人生坐标的定位，只要我们能够调整心态，就能够为自己建立一个大格局。知识和技能是内力，合适的平台和广泛的人脉是羽翼，如果你能够充分利用这一切资源，让自己的每一天踏入上升的阶梯，那么，拥有大格局与实现大发展将不再是一个梦想，而是能够落地生花。

优化知识结构，充实大格局的内在支撑力；大格局不是一味冒进，但不排斥冒险。大格局需要大平台，从空间上完成对格局的突破；整合社会资源，从人脉上完成对格局的突破；扬长避短，从强项上完成对格局的突破。

想要扩大自己的格局，须站在不同的位置上感受。测验一个人的智力是否属于上乘，就看其脑中能否同时容纳两种相反的思想，并无碍于其处世行事，其实这就如中国道家文化中的"太极阴阳图"，阴中有阳，阳中有阴，如此看问题会更全面、周到。

自己培养大格局需要从多个方面着手，以下是一些可行的方法：

1.广泛地阅读与学习

阅读各类书籍，通过阅读历史、哲学、文学、科学等不同领域的书籍，拓宽自己的知识面和视野。了解古今中外的各种思想、文化和历史事件，从中汲取智慧和经验，有助于打破思维的局限，培养宏观的思维能力。

学习专业知识，深入学习自己所在领域的专业知识，不断提升自己的专业素养和技能水平。在精通专业的基础上，能够更好地把握行业发展趋势和整体格局，从而在工作和生活中做出更具前瞻性和战略性的决策。

2.经历与实践锻炼

积极参与社会实践，主动参加各种社会实践活动，如志愿者服务、社区工作、企业实习等。在实践中接触不同的人和事，了解社会的多样性和复杂性，锻炼自己的沟通能力、协调能力和解决问题的能力，这有助于更深刻地认识社会现实，并进一步培养社会责任感和大局意识。

勇于面对挑战，敢于接受具有挑战性的任务和工作，在克服困难的过程中，提升自己的抗压能力和应变能力。从失败中吸取教训，从成功中总结经验，不断丰富人生阅历，使自己的思想更加成熟，看待问题更加全面。

3.树立远大目标

明确人生方向，树立自己的人生目标和价值观，明确自己想要成为什么样的人，想要实现什么样的梦想。一个清晰明确的人生方向能够为个人发展提供强大的动力，使你在面对各种选择和决策时，能够从长远和整体的角度出发，而不会为眼前的利益所迷惑。

制定长期规划，在明确人生目标的基础上，制定具体的长期规划，并将其分解为若干个短期目标。长期规划能够帮助你统筹、安排时间和资源，有条不紊地朝着目标前进。同时，通过不断实现短期目标，逐步积累信心和成就感，为实现大格局的人生目标奠定基础。

4.培养战略思维

学会分析形势，关注国内外政治、经济、文化等方面的发展动态，了解社会发展的大趋势和宏观环境的变化。学会运用宏观思维和系统思维的方法，对各种信息进行分析、整合和判断，把握事物发展的内在规律和趋势，从而在复杂的局势中找准自己的位置和发展方向。

多角度思考问题，遇到问题时，不要局限于单一的思维模式或角度，而是尝试从不同的立场、不同的层面去思考和分析。这样可以避免看问题的片面性，更全面地了解问题的本质和影响因素，从而制定出更具综合性和战略性的解决方案。

5.注重品德修养

培养宽容的心态，与他人交往，要学会宽容与理解他人的缺点和错误，不要过于计较个人得失和恩怨。宽容能够使你赢得更多的朋友和合作伙伴，拓展人际关系网络，也有助于建造和谐的工作和生活环境，为实现大格局的人生目标创造有利条件。

秉持诚信正直，诚信是做人的根本原则，正直是一种高尚的品德。在生活和工作中，始终坚守诚实守信、正直善良的原则，做到言行一致、表里如一。这样不仅能够赢得他人的信任和尊重，还能为自己树立良好的声誉和形象，为长期的发展奠定坚实的基础。

6.结交优秀人才

主动结识各界精英，积极参加各种社交活动、行业研讨会、学术讲座等，结识不同领域的优秀人才。与他们建立良好的人际关系，通过交流和合作，学习他们的思维方式、工作经验和人生智慧，从中获得启发和激励，也有助于拓宽自己的人脉资源和眼界。

融入优秀团队，加入一个积极向上、富有创造力和团队精神的优秀团队，在团队中发挥自己的优势，与团队成员共同成长。在团队合作中，学会倾听他人的意见和建议，尊重团队的整体利益，培养协作能力和团队意识，从团队的发展中体会大格局的重要性。

三、分钱智慧

想赚钱的人，先学会怎样分钱！

怎么分？七分合理，八分也可以，那我只拿六分。这是分钱的艺术。当你的合作伙伴，都拿到了比预期更高的回报，那么，更有实力的人都会争着与你合作。因为与你合作，他们能得到更多的利润，如此，团队便越来越强大，合作伙伴的质量会越来越高，你的事业自然蒸蒸日上！

如果有高人指点，让你赚到了一大笔钱，别犹豫，请把一半的钱回报给那位高人。你也会因这个举动，赚到更多的钱。因为，精明的最高境界就是厚道。赚钱之后，回报帮助你的人，这个虽有效果，但效果不会很好。更绝的一招是，如果你觉得帮助你的人，能够给你带来的价值是10万，那么，你就提着5万现金去找他帮忙，在赚钱之前先分钱，这个效果是最好的。

怎么当老大？老大就是那个会分钱的人！分钱理念不仅在合作关系中很重要，对待客户也是一样的道理。如果代理人在你这里赚不到钱，自然不会尽心尽力帮你代理产品；如果你给的提成够高，自然就会有更多、更有实力的人来代理你的产品。

就个人而言，不会花钱的人，就不会赚钱。钱，赚少了是自己的，赚多了是大家的，再赚得多了，就成了社会的了。

格局的大小，决定了事业的高度！人脉圈子为什么很重要？对成功者而言，圈子的价值取决于彼此合作的程度。狭隘者透支人脉，聪明人投资人脉。当你愿意帮助别人，表面上是你失去了，但这种能量一定会在别处回流。看人之大，用人之长，千万不要自以为是地判断别人的价值。

少拿钱才能赚大钱。中国台北有一位建筑商人，年轻时就以精明著称于业内。那时的他，虽然颇具商业头脑，做事成熟干练，但摸爬滚打许多年，事业不仅没有起色，最后还以破产告终。

在那段失落而迷茫的日子里，他不断反思自己失败的原因，想破脑壳也找不到答案。论才智，论勤奋，论计谋，他都不逊于别人，为什么有别人成功了，而他离成功越来越远呢？百无聊赖的时候，他来到街头漫无目的地闲转，路过一家书报亭，就买了一份报纸随便翻看。突然，他的眼前豁然一亮，报纸上的一段话如电光石火般击中他的心灵。

后来，他以1万元为本金，再战商场。这次，他的生意好像被施了魔法一样，从杂货铺到水泥厂，从包工头到建筑商，一路顺风顺水，合作伙伴趋之若鹜。短短几年内，他的资产就突飞猛进到1亿元，创造了一个商业神话。很多记者追问他东山再起的秘诀，他只透露了四个字：只拿六分。

又过了几年，他的资产如滚雪球般越来越大，达到100亿元。有一次，他来到大学作演讲，其间不断有学生提问，从1万元变成100亿元到底有何秘诀。他笑着回答，因为自己一直坚持少拿两分，学生们听得如坠云里雾里。望着学生们渴望的眼神，这位建筑商人动情地说："我想明白了一个道理：精明的最高境界就是厚道。细想一下就知道，总是让别人多挣一两分，所以，每个人都知道和他合作会多获利，就有更多的人愿意和他合作。如此一来，虽然他只拿六分，生意却多了一百场。假如拿八分的话，一百场会变成五场，到底哪个更赚钱？奥秘就在其中。我最初犯下的最大错误就是过于精明，总是千方百计地从别人身上多赚钱，以为赚得越多，就越成功。结果是，多赚了眼前，输掉了未来。"

这位建筑商就是中国台北全盛房地产开发公司董事长林正家。他说，这就是100亿的起点。

四、吸金大法

你赚的钱，大部分来自你的关系，而非你的知识。

沙子是废物，水泥也是废物，但他们混在一起是混凝土，就是精品。你是谁不重要，跟谁在一起，很重要！大米是精品，汽油也是精品，但它们混在一起就是废品。是精品还是废品，取决于和谁在一起。

斯坦福研究中心曾经发表一份调查报告，结论指出，一个人赚的钱，15%来自知识，85%来自关系。这个数据是否令你震惊？

好莱坞曾流行一句话："一个人能否成功，不在于你知道什么，而是在于你认识谁。"美国老牌影星柯克·道格拉斯，年轻时十分贫困落魄，有一次他搭火车时，与旁边的一位女士攀谈起来，没想到这一聊，聊出了他的人生的转折点。没过几天，他被邀请至制片厂报到，那位女士是知名的制片人。这个故事的重点在于，即使柯克的本质是一匹千里马，但也要遇到伯乐才能美梦成真。

到底什么是"人脉竞争力"？相对于专业知识的竞争力，一个人在人际关系、人脉网络上的优势，就是人脉竞争力。

哈佛大学为分析人际能力在一个人的成就中所占的分量，曾经针对贝尔实验室的顶尖研究员做过调查。他们发现，被大家认同的杰出人才，其专业能力往往不是重点，关键在于"顶尖人才会采用不同的人际策略，这些人会多花时间与在关键时刻可能提供帮助的人培养良好关系，在面临问题或危机时便容易化险为夷"。

哈佛学者分析，当一位表现平平的实验员遇到棘手问题时，会努力地请教专家，之后却往往因苦候回音而白白浪费时间。顶尖人才则很少碰到这种问题，这是因为他们在平时就已经建立丰富的资源网，一旦请教问题立刻便能得到答案。

拓展人脉关系的三大法宝：

1.培养自信与沟通能力

其实，每个人都有一套积累人脉的方式。但是，如何才能有效地提升人脉竞争力？黑幼龙指出，要提升人脉竞争力有许多技巧，前提是必须具备"自信与沟通能力"。

以自信心来说，取决于"你的舒适圈（在不同场合中感觉到自在的程度）"有多大，一个没有自信的人，舒适圈很小，总是怕被拒绝，因此不愿主动与人交往，更不用说拓展人脉了。

一般西方人参加鸡尾酒会或婚宴场合，在出发前都会吃点食物，并提前到达现场，因为那是他们认识更多陌生人的机会。但是，华人的社交场合中，有的人不但会迟到，还尽量找认识的人交谈，甚至与好朋友约好坐一桌，以免碰到陌生人。因此，尽管许多机会就在我们身边，但总是平白让它流失。

沟通能力就是了解别人的能力，包括了解别人的需要、渴望、能力与动机，并给予适当的反应。如何了解？倾听是了解别人最佳的方式之一。

作家描述"红顶商人"胡雪岩时，就曾这样写：其实胡雪岩的手腕也很简单，胡雪岩会说话，更会听话，不管那人是如何言语无味，

他能一本正经，两眼注视，仿佛听得极感兴味似的。同时，他也真的是在听，紧要关头补充一两语，引申一两义，使得滔滔不绝者，有莫逆于心之快，自然觉得投机而成至交。

2. 学习适时赞美他人的能力

适时赞美别人，也是沟通妙法。美国"钢铁大王"卡耐基，在1921年支付100万美元的超高年薪聘请了一位执行长夏布。

许多记者访问卡耐基："为什么是他？"卡耐基说："因为他最会赞美别人，这也是他最值钱的本事。"甚至，卡耐基为自己写的墓志铭是"这里躺着一个人，他懂得如何让比他聪明的人更开心"。

美国哲学家约翰·杜威说："人类本质里最深远的驱策力，就是希望具有重要性。"请大家想一想，你的老板多久没有赞美你了？你又有多久没有赞美你身边的同事、朋友或家人了？

3. 把握每一个帮助别人的机会

花旗银行副总裁程耀辉一直秉持这个信念，不管往来人的职位高低，他总是尽量帮助别人，所以大家总是说："有事找Roman就对了。"当你发自内心地帮助他人的时候，就会发现越给予越富有。

五、富贵人生

从前有一个农家小伙子，他的愿望就是每天从鹅笼里拣一个鹅蛋当早饭。有一天，他竟然在鹅笼里发现了一个金蛋。一开始他觉得不可置信，认为也许有人在捉弄他。谨慎起见，他把金蛋拿去辨别，结果证实这只蛋确实是金的。于是，这个农家小伙子就卖了这个金蛋，举行了一场个盛大的庆祝会。

第二天清晨，他起了个大早，发现笼子里又有一个金蛋。这样的情况连续出现了好几天。但是，这个农家小伙子却抱怨起这只鹅了，因为他认为这只鹅每天至少应该下两个金蛋！最后，他气恼地把鹅揪出笼子劈成了两半。从此，他再也得不到金蛋了。

听到这个故事，我们可能会嘲笑那个农家小伙子的愚蠢，他的贪心让自己失去了财富的源泉。

可在现实中，我们却常常不自觉地被自己的欲望征服，盲目地追求利润，自堵财路。有的人为了不劳而获去赌博，结果衣衫不剩，甚至负债累累；有的人在工作上为了追求效率，盲目冒进，结果事与愿违，甚至伤害身体；有的人在生意场上为了追求利润而铤而走险，结果一败涂地，这些不都是那个农家小伙子的现实写照吗？

金钱是永远挣不完的，而人追求财富的欲望也是永远不会满足的。国外流行过一句话：少赚一点，少花一点，少病一点。大多数人喜欢在收入增加时买些奢侈品，而富人与大多数人的区别是在最后才买奢侈品。中等收入的人会先买奢侈品，因为他们期待有点新玩意，或者想看上去富有。他们看上去的确富有，但同时也陷入了贷款和收入拮据的陷阱中。那些长期富有的人是先建立稳固的资产，再用资产所产生的收入购买奢侈品，中等收入的人则是用双手挣来的血汗钱购买奢侈品。

如果你发现自己越来越偏好某些"欲望"，就该立即断绝刺激的来源，把围绕在物欲方面的话题转而谈论具有创意和新的想法。现代便利的生活中，信用卡对大多数人而言，事实上是一种陷阱，它是导致冲动消费的主要原因。谁都可能随时犯过度消费这种毛病，它是因人而异且次数会不断增多，商家也毫不客气地利用买方的消费欲望销售产品。

大家可以尝试一下在一个月内将所有的信用卡收起来，仅用现金支付去玩乐，有现金时才去购物，其实并没有不妥。使用现金跟当今社会中动辄将人不知不觉地引向破产的信用卡消费比起来，要理性得多，也会降低破产的可能性，这是不争的事实。除此之外，尽量避免为打发时间而到超市或购物中心闲逛，并且少看广告，减少不必要的消费。如此一来，你会很惊讶地发觉自己的心思已不在物质上打转，而是专注于美好持久的事物，对人、理想与工作也会更加投入。

年轻人应该明白一点，财富并不是指人能赚多少钱，而是你赚的钱能够让你的生活过得多么幸福。有的人恐怕要问："这有什么差别呢？我赚的钱越多，能够承担的东西越多，当然生活过得也越幸福了。"其实并不然，你会发现，赚得越多就花得越多，所付出的牺牲也越多，这一点很多人都有亲身体会。

如果你想拥有财富，第一件事得先学会"不要让你的欲望大于你的能力"，也就是控制自己的开销。比如，赚1万块，花9000块，会带给你满足的快感；如果赚9000块，却花了1万块，那生活就悲惨了。当你的开销大于收入的时候，就预示你可能有麻烦了。

什么是富贵？富是心中无缺，贵是受人尊敬！

一般意义上，人们常把物质财富的丰足直接等同于富有。但真正的富有是内心的充实与满足，是精神世界的丰盈。心中无缺意味着不为贪婪、欲望所驱使，对已有的生活、拥有的一切感到满足，不盲目追求更多的物质。比如，一个人虽然物质条件一般，但有自己热爱的事业，有和谐的家庭，有良好的兴趣爱好来滋养心灵，能坦然面对生活中的起起落落，因此他的内心是没有缺失的，从这个意义上讲他是富有的。相反，有些人即使拥有巨额财富，却始终处于焦虑、不满的状态，内心充满对更多财富和物质的渴望，这样的人在精神层面上依然是贫穷的。

传统观念里，"贵"可能常与身份地位、权势等联系在一起。然而真正的"贵"更侧重于个人的品德修养以及对他人和社会所做出的贡献而赢得的尊重。一个人即使没有显赫的家世与权势，但他为人正直善良、乐于助人，有高尚的道德情操，对社会有积极的影响，就会受周围人的尊敬和爱戴，这才是真正高贵的人。比如，许多默默奉献的志愿者、扎根基层的教师和医生，他们可能没有丰厚的物质回报，但他们的付出赢得了他人的敬重，所以他们的精神是高贵的。反之，有些人凭借财富或地位耀武扬威、为富不仁，这样的人并不能真正赢得他人发自内心的尊敬，更谈不上贵了。

如何活出富贵人生？这里引用毛泽东写在《纪念白求恩》中的一段话："我们大家要学习他毫无自私自利之心的精神。从这点出发，就可以变为大有利于人民的人。一个人能力有大小，但只要有这点精神，就是一个高尚的人，一个纯粹的人，一个有道德的人，一个脱离了低级趣味的人，一个有益于人民的人。"

第九章

马上有钱

> 你要保守自己的心，胜过保守一切，因为人生一切的果效皆从心出发。

一、学什么改变命运

人们常说学习能够改变命运，但在浩如烟海的知识中，我们到底学什么才能真正改变自己的命运呢？

在此分享一下我自己的学习经验，供大家参考。回顾我近十多年的学习过程，大概如下：

首先，对成功学的学习，包括所有的MBA、EMBA以及学历教育等，即学习别人的理论、别人的方法以及别人的经验。我发现，即使学习了上述理论之后，往往只有5%的人在创业中会成功，或者达成了自己的目标，其中95%的人最后并没有取得成功。

其次，对信念管理的学习，比如说教练技术、NLP，我们发现凡是由人所参与活动的结果都来源于人们的行为，人的行为来源于其思想，而思想是由一堆信念构成的，所以即使是很多人调整了信念，激发了潜能，最后还只是5%的人改变了命运，95%的人还会被打回原形。

最后，对道的学习，通过觉醒与开悟，当自己悟到"万法唯心造，心生则种种法生，心灭则种种法灭，唯心所现，唯识所变"的真相，即当你拿回生命的主动权,才能彻底地改变自己的命运。因为那使我们知道物质世界只是个显示屏,自己的起心动念是投影源,所以你自然会念念利他,与道合一,活出丰盛。

二、善用别人的能力

经营企业就是经营人才,如何经营人才?就是启发每个人本自具足的智慧,让每个人为了自己的梦想,自动自发地工作,服务他人,造福社会……

这里我讲一个"千金买骨"的典故。公元前314年,燕国发生了内乱,临近的齐国乘机出兵,侵占了燕国的部分领土。燕昭王做了国君以后,决心招纳天下有才能的人,以振兴燕国,夺回失去的土地。虽然燕昭王有这样的号召,但并没有多少人投奔他,于是,燕昭王就去向谋士郭隗请教,怎样才能得到贤良的人才。

郭隗给燕昭王讲了一个故事,说从前有一位国君,愿意用千金买一匹千里马。可是三年过去了,千里马也没有买到。这位国君手下有一位仆人,自告奋勇请求去买千里马,国君同意了。这个仆人用了三个月的时间,打听到某处人家有一匹良马。可是,等他赶到这一家时,那匹良马已经死了。于是,他就用500金买了马的骨头,回去献给国君。国君看到用很贵的价钱买的马骨头,很不高兴。买马骨的仆人却说,我这样做,是为了让天下人都知道,大王您是真心实意地想出高价钱买良马,并不是欺骗别人。果然,不到一年时间,就有人送来很多匹千里马。

郭隗讲完上面的故事,又对燕昭王说:"大王要是真心想得到人才,也需要像买千里马的国君那样,让天下人知道你是真心求贤。你可以先从重用我开始,人们看到像我这样的人都能得到重用,那么比我更有才能的人就会来投奔你。"燕昭王认为有理，就拜郭隗为师，还给他优厚的俸禄，并让他修筑了"黄金台"，作为招纳天下贤士的地方。消息传出去不久，天下有才干的名人贤士纷纷前来，像乐毅、邹衍、剧辛都来投奔燕昭王。燕国迅速强盛起来，打败了齐国，夺回了被占领的土地。

当你还没从经营产品的思维，上升到经营人才的思维，你永远是个小人物！

那么，一个老板如何培养和提升自己善用别人能力的水平？

在这方面，我们向海底捞的老板张勇学习就够了。张勇把员工当家人一样对待，为员工提供高于同行的待遇，他规定员工宿舍不能租地下室，都租小区公寓房，而且从宿舍步行到店的距离不能超过15分钟，员工宿舍都配有保姆，为员工洗衣报、做饭等，解决员工生活的后顾之忧。每个月评选优秀员工，当上优秀员工的不仅有奖金，而且会给优秀员工的父母发300元的孝敬奖金，感谢优秀员工的父母为企业养育出这么优秀的人才。更不可思议的是，海底捞还为离职员工提供"嫁妆"。张勇规定，在海底捞做店长超过一年，不论什么原因离职，海底捞都要给8万元"嫁妆"，连被别的火锅企业挖走的店长也都会发"嫁妆"，很多公司高管不理解，他说海底捞工作繁重，能做到店长以上的员工对海底捞都有相当贡献，所以不管什么原因，都应给予补偿。

海底捞赋予普通员工诸如抹零、换菜、退菜、送菜、送礼物、打折、免单等权利，让员工在面对顾客需求和问题时能及时处理，无须层层汇报。这需要老板对员工的高度信任，同时员工也需有较强的责任心和服务意识。2009年，张勇在北大给MBA班的学生讲课，有学生问若每个服务员都有免单权，会不会有人滥用此权利而给自己的亲戚朋友免单。张勇反问该学生若给他这个权利，他会不会滥用，课堂上200多个学生顿时鸦雀无声。

这种文化让员工有强烈的归属感，进而将企业当成自己的家，愿意用心为顾客服务。海底捞产生了被同行羡慕、嫉妒、恨的"变态"服务，例如为顾客提供免费美甲、擦鞋、编发、DIY手串、洗头、修眉等服务，这些服务并非餐饮的核心业务，却能给顾客带来惊喜和感动。要做到这一点，企业需深入了解顾客的需求，关注细节，有强大的服务创新能力和执行能力，而这些能力的背后是企业文化、员工培训和激励等多方面因素的支撑，其他企业难以单纯从服务形式上进行模仿并达到同样效果。

海底捞既有标准化的服务流程，确保基本服务质量和水平的一致性，又鼓励员工根据顾客的不同特点和需求提供个性化服务。比如，情侣去海底捞会收到红枣桂圆拼盘，一人去海底捞会有玩偶陪伴等。

海底捞通过师徒传帮带的方式培养员工，师父不仅传授服务技能和管理经验，还能从徒弟的成长和业绩中获得利益，这促使师父积极培养徒弟，也让徒弟有明确的发展方向和动力。同时，全员评比、创新服务奖励等机制也激发了员工不断提升自己和创新服务的积极性。这种人才培养和传承体系是一个有机的整体，涉及薪酬激励、职业发展规划、企业文化传承等多个方面，其他企业要建立类似体系，需要对自身的管理模式进行全面变革和优化。

为什么有的企业家永远学不会海底捞的管理模式？因为它需要从老板到管理层都真正将员工放在重要位置，发自内心地关爱员工，且长期坚持并形成传统。

三、最赚钱的投资机密

你知道全世界最赚钱的投资是什么吗？如果把你自己看成一个公

司的话，你就是你自己公司的老板。

请问你希望你的公司上市吗？你的公司上市时，你会不会买很多自己公司的股票？同时介绍自己的亲朋好友都买自己公司的股票？相信你肯定会这样做，因为你深信你的公司会升值，会让你的七大姑八大姨都赚得盆满钵满。买自己公司的股票就是对自己的公司进行投资。

请问你每年为自己公司的总经理，也就是你的大脑，投资了多少钱用于学习？如果你连对自己的大脑都舍不得投资，请问你能奢望别人对你的大脑来投资吗？

生而为人，我们都逃不掉生命之苦。

我们苦的根源是什么呢？是我们错误的认知！万事万物对我们没有造成任何痛苦，但我们对万事万物的观念却会让我们痛苦。

什么是正确的认知呢？我们要从内心深处相信"一切都是最好的安排"！有个"富翁穷子"的故事。故事是这样的，富翁的孩子从小走丢了，多年后，富翁想把孩子找回来让他继承自己的家产。富翁千辛万苦地去找，结果发现自己的孩子已成了一名乞丐，当富翁想去把乞丐儿子找回来的时候，这乞丐儿子顿时感到十分恐惧，因为他早就忘记了自己的身份。

富翁很智慧地同乞丐儿子说："我要招个扫粪工人，管吃管住，还有工钱。"于是，他那位乞丐儿子很开心地跟着富翁回家了。经过一段时间后，富翁就对乞丐儿子说："我发现你这个人很勤劳，这样吧，你不用扫粪了，你可以帮我管管财务吗？"这个乞丐儿子，因为已经熟悉了扫粪，心有些安定了，于是他自然就答应了。

富翁用心良苦，不断提升乞丐儿子的配得感。又过了一段时间以后，乞丐儿子对一切又都熟悉了，富翁说："我发现你这个人真的很正直，我可以收你做我的义子吗？"于是，乞丐儿子成了富翁的义子。富翁无时无刻不在惦记着去认亲生儿子，可是他知道，这个乞丐儿子还没做好准备，所以他就很有耐心。

又过了一段时间以后，富翁召集了亲朋好友，说有重大事情需要宣布。所有亲朋好友都聚到富翁面前，富翁说："我有一项十分重要的事情要宣布，我的这位义子，其实他不是我的义子，而是我的亲生儿子。因为过去他完全迷失了自己，所以我才用这种方式，逐渐将他找回来。"于是父子正式相认，抱头痛哭。

当父子相认的一刻，虽然这位乞丐的配得感已经提升了很多，但是这位乞丐从心底里完全承认自己是富翁的孩子，还需要一个过程。他还没有完全活出富翁的亲生儿子的感觉，这也还需要一个过程。

"一切的遇见都是被自己所选"，我们再延伸说说这个话题。今天你的伴侣之所以能成为你的伴侣，就是因为你当初选择了他。有些人的伴侣充满暴力，有些人的伴侣不讲道理，有些人的伴侣懒惰……可是，如果你不是遇见了他，你并不会发现，原来自己还可以成为另外的样子，明白了吗？我们身边的一切都是我们当初选择的结果，一切都是被我们自己选择的，一切都是被我所选。其目的都是为了认出你是谁，你心中还装着什么的东西？是恐惧，还是内疚？看起来，我们很多时候是因为某件事而导致自己的某个情绪出现，不！是你自己本来就有那个东西，你需要借助与你选择的他们的互动，而被看到。只有被看到的东西，才有机会被修正，仅此而已。一切都是被选的结果。整个世界发生的一切，也都是被选，也是你的内在之选。所以，我们永远不要把注意力放在外面，好像自己是受制于外面一样，不，你才是那个根本，一切都是被你所选。我们现在的任务就是，活出无惧的感觉，这样我们才能更快地体认出我们的真正身份，而当我们真的知道了自己的身份，就代表自己开悟了吗？

顺着富翁的问题，我再说说世间的运作和我们的内在领悟是怎么回事，就知道怎样可以迅速改变自己的命运。当我们的价值感很低，配得感很低的时候，如果命运安排你去扫粪，你就会叫苦连连……抱怨命运不公。你是否想过，你自己是怎么看待你自己的？你是否和外界对你的看待是一致的？还有一个人想要生活条件好，想要获得好的生活品质，跟拼命扫粪有关系吗？跟工作的好坏有关系吗？命运、老天、富翁，他们毫不关心你工作努力不努力，干活拼命不拼命，因为他们知道，这是你自己在跟自己玩的一个把戏，他们只关心你的配得感有没有提升，你是否真的感受到了值得，你是否真的认识了自己。明白了吗？你的命运是好还是坏，与你当下做的事情没有直接关系，跟你的领悟有关系！

当一个扫粪工突然质问生命本源的时候，那时他的情况会怎样？他的世界开始天崩地裂，投射在这世间就是，可能会突然遇到好的境遇。于是他的生活彻底发生改变！明白了吗？你在这世间的体验完全取决于你如何看待你自己。我们看身边的人，有些人确实慢慢努力，慢慢进阶，然后开始获得了很多的财富，可是，他们的进度，就好像是从扫粪到倒粪，再到做扫粪连锁业，到看上去很富有，实际上还是很穷很穷。

只要你还没认出你真正的身份，你就是一个穷人，就是一个会担惊受怕的穷人！这就是为什么很多人拼尽一生，看似得到了荣华富贵，可是心中总有一个空洞。那个空洞，除非是在了知自己本来的身份，才可以破除，否则那个空洞永远在那里。

那么，如何从配得感极低，到领悟自己是命运的主人呢？其实，大家只需要完整地阅读完本书就够了。仅仅只是听说，知道而已，这个小小的觉知，就会进入你的身体，侵入你的细胞，打破你原本受制的运作机制，最终让你全然记忆起你的本来，并且在这个世间所体现出来。当然如果想要更快的进步，那就去阅读这本书，没有什么比这更重要的了。

但是在探索和学习的过程中，不要强迫，不要着急，要有耐心，而且要具备十分的耐心，仅此而已！做一个勇敢者，不断提升自己的觉知，在生活中挥剑，在事件中收回力量，在实践中恢复心灵自由。简单地说，就是一切都是最好的安排！

四、马上有钱

请问，一个人跑得再快，他能有动车跑得快吗？

如果你搭上一辆动车，你可以在车上看书、玩手机、打游戏、听音乐，不用做任何努力，动车都会把你带到目的地！

一个人改变命运最快、最实用的方法，就是和旺运的人合作！

赚钱最快的方式之一，就是可以马上赚到钱。如果你能找到一匹快马，只要骑到马上，马跑得有多快，你成功的速度就有多快。

我所有创业的启动资金都是通过融资的方式拿到的，而融资的方法就是要学会写商业计划书。下面是指导你如何完整地做一份商业计划书。

商业计划书

一、项目概述：阐述项目名称、所属行业，例如"[项目名称]，专注于[具体领域]创新解决方案"，并简单描述核心产品或服务的独特之处，以及要解决的社会痛点。

二、市场分析：分析目标市场规模、增长趋势，像通过权威数据说明所在行业过去几年的市场规模及未来预测，研究目标客户群体特征，比如年龄、职业、消费习惯等；剖析竞争对手，明确自身竞争优势，如产品差异化特点、成本优势等。

三、产品或服务：详细介绍产品或服务的功能、特性，若有实物产品可说明外观、材质等，若是服务，则阐述服务流程，说明产品或服务的研发进展，已完成阶段和后续计划。

四、商业模式：解释如何通过产品或服务来盈利，如直接销售、订阅收费、广告收入等；描述运营流程，从生产到销售各环节的运作方式；阐述客户获取和留存策略，如营销渠道、客户关系维护方法。

五、团队介绍：介绍核心团队成员背景，包括教育经历、工作经验，重点突出与项目相关的技能和成就；说明团队分工，展现团队的专业互补性。

六、财务规划：给出启动资金需求及用途明细，如研发费用、市场推广费用等；预测未来3—5年的收入、成本、利润情况，制作财务报表；阐述资金退出机制，如股权转让、公司回购等，让投资者了解如何实现回报。

七、风险评估与对策：识别项目可能面临的风险，如市场风险、技术风险、竞争风险等；针对每个风险提出应对措施，展现对风险的把控能力。

韩国有一本书叫《商道》。书中有一句名言"**财上平如水，人中直似衡**"，这是什么意思呢？就是你在金钱上，就应该像水一样，不用囤积，而是让它流动起来。"**上善若水，水善利万物而不争，处众人之所恶，故几于道。**""人中直似衡"，意思是人要像秤一样，善于平衡。如果你得昧着良知做事情，就干脆不要做，因为秤会失衡。失衡就是偏性，如果你偏性了，这件事一定做不成，就算你表面上成功，有一天所得的财富也会通通流走，以一种更可怕的方式坍塌。

我们很多人并不理解生命的本自具足，所以我们会因为自己的认知而把自己的财富大门给关上了，即把自己本自具足的能量出口堵住了。结果往往是一切都是外求，即都是向外边抓取，这就变成了一个相对封闭的空间，大家都觉得我必须先拥有，等我有了，我才能付出。他没有想到，其实自己本来就有，**我们每个人的财富本来就是具足圆满的**，只是我们太关注显形的财富，而对隐形的财富往往不是特别关注，但其实那个没有显现的财富比显化的财富要多得多。

我们可以把财富的定义再扩大一下。对于乔达摩·悉达多来说，他的财富是指什么？是他的智慧，是他的慈悲。对甘地来说，引领人们非暴力的抵抗，带领一个国家实现独立自由，就是他的财富。对特蕾莎修女来说，她的财富是什么？她的财富就是让所有她能看到的穷人变得更加健康，更加平安。这就是广义财富的概念。我们要把财富的概念拓展出去，拓展出来才让财富更有意义。

获得财富的前提是自信。实际上，一个人真正的财富源于内在，源于内在对自己本自具足的"确认"！我们在现实中要做任何事情，哪怕是我们想获得财富，都必须有一个基本的心态，那是"自信"。一个不自信的人，在现实中做什么都做不成，想挣钱，也肯定挣不来。相信本自具足，意味着你知道自己真正的宝藏在你的内部，不在外部。**财富在你自己的内在，不在外面。**

获得财富的三种途径，代表三层境界：

第一层境界的途径是求财。处在这个状态下，人们会拼命地透支自己的生命能量去挣钱，完全迷失了自己内在最宝贵的东西。如果一味向外面求，求的结果是越求越没有。即使是求来的财富，还是用自己的生命能量去做交换。

第二层境界的途径是吸引财富。第二层境界，他可以用智慧建构一个系统，来吸引财富。这个境界有很多当老板的，很多做事业的人会玩这个"游戏"。他们构建一个游戏系统，让别人把钱通过"游戏"变成自己的，这叫吸引财富。

第三层境界的途径是自己就是财富。 一个人的最高境界，是认识到自己本自具足，自己就是财富，自己在哪儿，财富就在哪儿。他真正明白了财富这件事，因为他知道一切都是自己内在的投影显现的，很多时候你之所以不能投影出你想要的世界，是因为自己的认知里有障碍。

第十章

活出奇迹

> 每个人都创造着自己的世界。

在茫茫人海中，作为芸芸众生的我们，也许各自过着不同的生活，也许我们做着不同的梦，也许生活中的太多欺诈让我们不再轻易相信别人，也许太多的挫折让我们不再单纯。

人生苦短，草木一秋！但我深信，冥冥之中既然机缘让你看到这本书，可能命运早就有意在你身上播下一颗觉悟的种子，开在你我青春必经的路旁。你所看到的外面的一切，都是你内心世界投射出来的影像！

当你的嫉妒、嗔恨、烦恼等情绪升起的那一刻，你是否觉知到自己已处于失控的状态？你是否意识到，这些情绪只是一面镜子，如实地照见自己的内心？

你有什么样的思想，就会创造出什么样的世界，这个世界只属于你，别人无法感同身受。

当你看到了自己的念头、情绪以及自己的失控，那么你要不要继续难受或者要不要继续恨别人？你说了算！观照自己，获得自在，这是一种大自由，而不是无意识地成为情绪的傀儡与念头的奴隶！

你所遭遇到一切，苦难也好，挫折与打击也好，伤心与痛苦也罢，都是为你而来，不偏不倚，刚刚好！

"一切有为法，如梦幻泡影，如露亦如电，应作如是观。"

其实，皇图霸业谈笑中，不胜人生一场醉。

让我们一起来欣赏一首诗。

醒　来

生命就是一趟从沉睡到醒来的旅程，

每个人都会在适当的时间，

在适当的地点，

以适当的方式醒来。

只不过每个人醒来的方式不同，

醒来所需要的时间不同。

有的人需要一年，

有的人需要十年、二十年，

有的人需要一辈子，

有的人需要无数次的生命轮回。

如果爱不能唤醒你，

那么生命就用痛苦来唤醒你；

如果痛苦不能唤醒你，

那么生命就用更大的痛苦来唤醒你；

如果更大的痛苦不能唤醒你，

那么生命就用失去唤醒你；

如果失去不能唤醒你，

那么生命就用更大的失去唤醒你，

包括生命本身。

生命会用生命的方式，
在无限的时间和空间里，
无止境地来唤醒你。

生命会用生命的体验，
在无尽的生死和轮回里，
不停息地来唤醒你，

直到你醒来。

一、无上智慧

有没有一种无上智慧，能解决生命中所有的问题？无论是家庭不和、财富匮乏，或是健康隐患，这些生命中的痛苦、烦恼与苦难，都能得到彻底解决？答案是有，这个终极的解决之道就是我们必须走向觉悟。

如何走向觉悟？下面我跟大家分享一下我个人的生命成长四步骤。

1. 第一步，疗愈伤害

因为当一个人内心有创伤的时候，他会把自己内心的东西投射出去，指责这个社会，指责这个国家，指责身边的人，而构建一个自己是受害者的模式。

那怎么疗愈伤害呢？首先，要知道一个人的伤害共分为五个层面，即他人对自己的伤害，自己对他人的伤害，自己对自己的伤害，个人隐私，担忧和恐惧的事情。

那么我们如何疗愈这些伤害呢？我们先要知道伤害的本质是什么！伤害的本质是被卡住的注意力，发生伤害的时候，因为没有爱，我们的注意力就被卡在那个当下。

如何让这个被卡住的注意力得到释放呢？就是我们要带着觉知，回到记忆里，把那个造成伤害的事情再完整地经历一遍。因为带着觉知去回忆那些受伤害的事情，就是带着爱去融化被卡住的注意力，带着觉知（爱）去回忆时，记忆就重新被改写了。

最简单的方法就是感恩。感恩这件事情，说来容易，但是很难做到！落实感恩的简单而有效的方法就是换位思考。心理学上有一个空椅子疗法，比如，你对面有一把空椅子，把它当成伤害你的人，向它描述你对他人的愤怒，你对他人的批判指责，把自己内心的情绪全发泄出来。然后换位坐到那把空椅子上，假设你就是对方，站在对方的角度把刚才你讲的事情完整地再讲一遍，这样我们就打开了自己的多维度认知。人的思维之所以偏执、固化，就是因为永远站在自己的角度上去思考事情，那么如果让他多维度地去思考很多问题的时候，他的心结就打开了，当更多的视角打开以后，他的观念就不会那么固执，然后再慢慢地把情绪引导到感恩上。这就是生命成长的第一步！

2.第二步，超越生死

当你不再困于生死问题，你就真正地心安了，这就是超越了生死。其中有一个重要的核心，就是自己一定要臣服，因为你要知道，你平时的意识里表现的是一个小我，是一个局限的自己。而这个局限的自己，是你自己的意识创造出来的。所以，当你懂得臣服的时候，再去经验那个真正的本来面目的时候，你就超越了生死。我们一般所谓"得道"，可以用三个词来表达，第一个词叫"明心"，儒家叫"明德"，就是在体验中明白道理，真明白心是什么；第二个词叫"见性",就是体验到、看见自己的本来面目,见到自己的自性;第三个词叫"保任",就是保持自己时时处在觉知中而任运,也就是动中禅,最后完全活成"觉",这就是生命成长的第二步。

3. 第三步,活出自我

一个人如何做到活出自我呢?就是做令自己真正喜悦的事情。喜悦和开心是不一样的感觉,当你在开心的时候,意味着这背后会有一个不开心。但是喜悦不一样,喜悦是深层次的宁静,指内心的平安与满足。所以,如果你做什么事情感到非常喜悦,你就去做什么事情,就会活出真正的自己,活出那个内心不受任何外界影响还能平安喜乐的最好的自己。假使你做一件事,觉察这件事情带给你的是安乐,然后慢慢地就活出了自己,做最令自己喜悦的事情,你的生命就像鲜花儿一样绽放!

4. 第四步,天赋使命

什么是你的天赋使命?就是当你做到了无为,就代表你活出了天赋使命。

"无为"是什么意思呢?无为是任道而为,就是让自己真正成为一个空空的管道,什么都不想。

倾听来自内心的声音,听从内心的召唤,当你内心没有召唤的时候,就发发呆、喝喝茶、看看书、聊聊天、晒晒太阳!当自己内心有触动的时候,自然而然地去做。

平常心就是道!

二、正名"神通"

有一位小老板一直想要拥有"神通",这样好能让自己的小生意变成大买卖,所以他就到处拜师,寻访高人。有一天,有个朋友和他说,在终南山的某个地方,有到一位"得道"的高人,神通广大。这位老板一听,激动坏了,赶紧打听清楚,就去了终南山。他费了九牛二虎之力,终于见到那位所谓的"得道"高人,他毕恭毕敬地行礼,送上见面礼。然后向高人请教,想学些"神通"。

那位高人说:"如果你能主动去帮助别人,这就是'神通';如果你能主动帮助别人,同时还不让对方知道,这就是更大的'神通'!"

那位高人继续说:"请你不要忘记,你以为自己努力后所得到的回报,其实并不是你努力的成果,而是环境赋予你的,你今天觉得努力就有回报,是因为你周围的环境鼓励着你,推动着你,手把手拉着你,并为你所做之事进行评估,进行褒奖。这世界上有很多怎么努力也无法得到回报的人,有想努力却无从下手、太努力却弄坏身心的人,也有在努力之前,自己的意志就被各种事情挫败的人。请你只为了超越自己而努力,不要把你得天独厚的环境和与生俱来的能力用来贬低那些不受眷顾的人,而是要用你的优势去帮助他们,不要逞强,承认自己的弱点,互相支撑着活下去。"

三、显化丰盛

我有位朋友是一名医生,有着让旁人羡慕的事业和收入,可是他却并不快乐,因为他不喜欢医生这个职业,是其父母当医生并强迫他也学医,就这样他一直为了父母的期待而委屈地活着。

有一次,他去印度旅游,实在吃不惯印度的咖喱饭,就在青年旅馆的自助厨房里蒸了一大锅包子,并分给了几个游客尝尝,结果大家吃完后交口称赞,围着他再要包子吃。看着大家热切期待与渴望的眼神,那一刻他找到了自己的天赋使命,决定包包子售卖。于是,那位朋友辞了工作,卖了房子,到印度的地球村开了一家包子铺。他每天最开心的事就是研究各种各样的包子馅，琢磨什么口味的包子好吃。他说自己人生中最幸福的事，就是看到顾客在吃他的包子时享受的表情。

大家不要为了赚钱而委屈自己，勇敢地去做自己，每天做自己热爱的事，就能活出丰盛！

下面这位中村开己的经历，堪称从"牛马"到大师的逆袭典范。

40岁前的中村开己是一名普通的上班族，面对每天早九晚五且不喜欢的工作，以及不断重复的琐事，还经常因工作疏忽被领导训斥，他常常在内心暗自思忖：难道自己就为了赚钱，而忍气吞声地干一辈子自己不喜欢的工作？巨大的工作和生活压力让他患上了抑郁症。

因为对折纸的热爱使他毅然辞职，全身心投入折纸创作。他通过YouTube发布动态折纸玩具的视频，凭借"会弹跳的纸玩偶""机关折纸"等创意视频迅速走红，单条视频播放量最高超过千万次。

出版社发现他的作品后，主动邀请他出书。2018年，中村开己的《神奇纸魔方》正式出版，书中不仅包含折纸教程，还附带可直接剪裁的纸模，读者无须额外准备材料即可制作。区别于传统静态折纸，书中的模型融入机械原理，如弹簧、橡皮筋等，使折纸作品具备"弹跳""变形"等互动功能。例如，按下"纸青蛙"的背部会突然跃起，打开"机关盒子"时会弹出隐藏的小玩偶。书里采用"模块化"设计，即使是初学者，也能通过分步折叠完成复杂的作品。书中附带的纸模是预先印好的折痕和剪裁线，读者只需沿虚线操作即可，无须绘图或计算角度。中村将折纸与玩具设计、建筑结构结合，创造出"立体纸魔方""会动的恐龙"等作品。这种创新吸引了儿童、手工爱好者，甚至设计师的关注，成为跨年龄层的热门产品。该书上市后迅速登上日本手工艺类畅销书榜首，一年内销量突破50万册，并被翻译成多国语言。中村开己也因此年收入超过1200万日元（约合人民币70万元），他很快还清房贷并实现财务自由。

折纸为何能引爆大众市场?

1. 治愈经济

日本社会在高压环境下,"治愈系"手工成为缓解焦虑的方式。中村开己的折纸玩具兼具趣味性与成就感,符合年轻人追求"小确幸"的心理需求。

2. 社交传播

动态折纸的视频在社交媒体上极易传播,用户完成作品后乐于分享,形成"病毒式营销"。例如,"弹跳纸玩偶"的玩法在TikTok上衍生出#PaperToyChallenge话题,吸引全球用户参与。

3. 教育价值

日本教育界将折纸视为培养空间思维和耐心的工具。该书被多所学校选为手工课教材,进一步推动销量增长。

该书的成功掀起了日本手工类书籍的出版热潮,2019年同类书籍销量同比增长37%。出版社甚至推出中村开己系列衍生产品,如折纸材料包、教学视频等。

中村开己的故事不仅是其个人的成功,更折射出精神追求与现代商业的碰撞。他用折纸打破了手工等于小众的固有认知,证明了个人爱好在当代社会的无限可能。正如他在书中写道:"一张纸能改变世界,只要你愿意折叠它。"

用生命影响生命

——泰戈尔

把自己活成一道光,

因为你不知道,

谁会借着你的光,

走出了黑暗。

请保持心中的善良,
因为你不知道,
谁会借着你的善良,
走出了绝望。

请保持你心中的信仰,
因为你不知道,
谁会借着你的信仰,
走出了迷茫。

请相信自己的力量,
因为你不知道,
谁会因为相信你,
开始相信了自己……

愿我们每个人都能活成一束光,
绽放着所有的美好!

四、终极秘密

美国修兰博士与"零极限"的故事充满了传奇色彩。

在1983—1987年间,修兰博士在夏威夷州立医院的特别病房服务,那里专门收容犯下杀人、强暴、暴力、强盗等罪行且患有精神疾病的犯人。病房中频发暴力事件,工作人员为避免被攻击,甚至养成了背贴着墙壁走路的习惯，人员流动率也很高。此前，州政府派遣的精神治疗师都未能改善这种状况，许多医生因无法忍受而离职。

然而，修兰博士到任后，情况发生了惊人的变化。他既不与患者见面，也不为患者提供任何辅导，只是每天准点上班，在办公室里阅读病人的资料，不断清理自己内在的信息。他认为暴力行为等问题并非只存在于病人的内在，也存在于自己的内在，通过清理自己内在关于病人的信息，就能让病人的状况得到改善。

修兰博士在家中和医院里以及离开医院后都持续进行这种清理工作，结果医院里的暴力事件日益减少，几个月后，原本重度依赖药物的病患逐渐停药，被单独囚禁的病患不再有攻击行为，可以在院区自由走动，工作人员也开始喜欢上班，患者陆续被疗愈、被释放，最后整个医院的病人几乎都康复了。同时，医院里原本存在的一些不可思议的现象，如无人使用时的马桶自动冲水、莲蓬头自动喷水、电器用品忽开忽关等问题，在修兰博士清理数月后也都逐渐消失。

修兰博士运用的就是源自古代夏威夷的"荷欧波诺波诺"疗法，也叫"零极限"方法。该方法认为，世界上发生的问题都是我们的"潜意识中信息对过去的记忆的重播"所造成的。解决问题的方式是重复"对不起，请原谅，谢谢你，我爱你"这几句话，就能清理潜意识中的信息，从而达到"零"的状态，让一切回归完美。

"零极限"疗法的原理主要基于以下几个核心观点：

1.内在记忆决定外在现实：该疗法认为我们的内在存在着大量负面记忆，这些记忆源于过去的经历、创伤、信念等。它们会影响我们的思想、情感和行为，进而创造出我们所经历的外在现实。例如，一个人如果有童年被欺负的记忆，他可能会在成年后对人际关系时产生恐惧、自卑等情绪，影响其与他人的相处模式。

2.100% 责任原则："零极限"疗法强调个体对自身经历的一切负

全责。生活中出现任何问题，无论是自己的问题还是他人的问题，只要是自己感知到的，都认为与自己的内在记忆有关。比如，当你看到身边有人遇到困难时，不只是将此事视为他人的问题，而是认为自己内在也存在相关的负面能量，才会让自己感知到这个问题，所以自己也有责任去帮忙清理。

3.通过清理而回归零状态：通过不断重复"对不起，请原谅，谢谢你，我爱你"这四句话，可以清理潜意识中的负面记忆。零状态是一种纯净、充满爱的状态，没有任何负面情绪或心理负担。当一个人达到零状态时，能够实现内心的平静与和谐，解决生活中的各种问题。

4.记忆与灵感：负面情绪和问题是由记忆重现引起的，而清理这些记忆后，灵感会自然涌现。灵感能帮助我们以更积极的方式应对生活，做出更符合内心真实需求的选择，从而带来更美好的生活体验。

"零极限"疗法的清理步骤主要如下：

1.觉察问题：首先要留意生活中出现的各种问题或困扰，无论是身体上的不适、情绪上的波动，还是人际关系中的矛盾等，这些问题都是需要清理的信号。例如，当你感到焦虑、愤怒或者遇到工作上的难题时，就要意识到这是需要启动清理程序的时刻。

2.选择清理工具："零极限"疗法有多种清理工具，最常用的是不断重复"对不起，请原谅，谢谢你，我爱你"这四句话。

3.进行清理：可以在心里默默重复这四句话，也可以大声说出来。当你遇到问题时，无论是当下立即清理，还是在事后回忆起时进行清理，都要专注于自己的感受和问题本身，将这四句话与问题相关的感受、记忆或画面联系起来。比如，当你与同事发生冲突后，在心里想着这件事，同时不断重复这四句话，向潜意识中的相关记忆和能量发送清理的信号。

4.持续清理："零极限"疗法强调持续不断地清理。因为潜意识中的信息是大量且复杂的,一次清理可能无法完全消除所有相关的记忆和负面能量。所以要养成随时清理的习惯,无论是在日常工作、生活中,还是在遇到特殊问题时,都要及时清理。例如,每天早上起床后,可以花几分钟时间来集中清理,回顾前一天遇到的事情,对有负面情绪或困扰的部分进行清理。在工作中,如果遇到压力或不愉快的事情,也可以立即在心里进行清理。

5.保持感恩的心态:清理过程中,我们要始终保持感恩的心态。感恩宇宙、感恩身边的人和事,感恩问题的出现让你有机会进行清理和成长。这种感恩的心态能够帮助你更好地与"零极限"疗法的能量相连接,增强清理的效果。例如,当你清理完一个问题后,要感恩问题得到解决,感恩自己有能力进行清理,同时也要感恩在这个过程中帮助过你的人或事物。

上述神奇的四句话,不仅可以解决所有问题,更能够给你带来心灵、精神、身体、金钱、物质等全方位的丰富。

"对面对的一切承担百分之百的责任!"这是最核心的思想。为什么呢?因为你看到的一切其实都是你内在的投影,所以当你把你自己内在投影源里的障碍给去掉的时候,你看到的障碍就不存在了。

物质世界是怎么被创造出来的?是人类的认知决定了信念,信念决定了做事的动机,做事的动机决定了意志力,意志力决定了注意力,因为每个人的注意力掺杂着不同的观点和标签,所以每个人看到的"世界"都不一样,大家都活在自己的认知所投射出来的被称为"现实"的虚幻全息电影里。有一句话说得好,"每个人都以自己的了别创造着自己的世界"。

我们所"**对不起**"的是什么?"对不起"的是自己产生这样的认

知，进而投影出这样的像。这个认知阻碍了我们与认知真相的关联，这才是我们所"对不起"的本质。

"请原谅"不是跟某个个案在说，那个个案只是在同一层次上的关联。所以，我们在现实中很多时候的忏悔，并不明白要忏悔什么。因为我们总是在自责，把自责当成忏悔。当你用是非来评判自己的一个认知、一个行为的时候，你与这个是非就在一个层次上。当你只用对错去判别一件事的时候，并坚持认为某件事是对的时候，那个错的就永远存在，这时你根本不可能有所提升。所谓忏悔是发觉、觉察那个认知是什么，然后靠你内在的能量去转化它，而这个转化绝对不是靠是和非来决定的。

"谢谢你"代表着我们的感恩，这种感恩是一种对回归的诉求。当我们表示感恩的时候，我们的心就处在一种积极的状态中，这是一种良好的状态，是一种不断提升的正能量状态。如果你怀有深仇大恨，你会表示感恩吗？当你的心里充满纠结的时候，你的感恩全是假的！你只有在完全释怀的时候，完全充满了喜悦、充满了自在、充满了放松的状态时，那种感恩的能量，才是真实的存在。

"我爱你"中的爱是什么呢？爱是全然的能量的共振与全然的合一。你投影出来的是充满爱的世界，而且这种爱是无分别的。

人家打你的左脸，你还把右脸伸过去让人家打，我们会认为这人傻或这人的脑子有毛病。但是，所有事情的发生都是有原因的，都有它的作用力和反作用力。外界对你的否定，实际上就在考验你对所有事物的接纳程度，看看你能不能学着接纳，你不能接纳的部分，恰好就是你的障碍。你不能接纳什么事情，事情就要反复地呈现，直到你真的能够接纳它。

婚姻关系基本上就是这样，我们觉得某个人不行，就想换一个，换一个也还是这个问题，再换一个，还是同样的问题。直到有一天你发现，原来要改变的是自己的认知，然后你就觉悟了，一切就圆满了。

现实中你看到的任何不圆满，完全不需要去抱怨，完全不需要去看外面，认为是外面的人对不起自己。只要看内在，反问自己为什么对这件事产生了纠结痛苦，这就是人生的功课。所以"零极限"最后要求我们要做到的，是对自己面临的一切承担百分之百的责任。当你把一切都清理转化的时候，你达到的那种境界就是通达的。

对所有事情要看到积极的一面，我们可以把身边的人最美好的一面转向自己。试想一下，谁又能转得了别人呢？所以我们要转自己，当我们把自己最美的一面转向别人的时候，别人最美的一面一定转向我们。

孟子说："行有不得者，则反求诸己。"如果不去反求诸己，却对外面的一切去下功夫，就是在浪费时间、浪费生命。即使你到外面去追求，也没有意义，最后可能绕一大圈还得回到原点。

"零极限"的核心原理就是彻底地清理自己，令自己清净无染，因为一即一切，一切即一，"万物皆备于我矣"，一切外在的显化皆是来源于自己的心念，自己的心念就是投影源，所以当我们改变了投影源即改变了影像。这就是修兰博士令精神病患者康复的原理。所以，我们的心要起作用，必须彻底归零，清理归零，回到爱。归零就是回到投影源，然后再起作用。

五、活出奇迹

很多人过得不幸福，生活得很辛苦，都在金钱上有匮乏，觉得赚钱难，这其实都是自己内在能量（即爱）不够的表现。

奇迹就是把刻骨铭心的恨转变成当下的爱！

爱是什么？

爱是觉知！不在觉知中改变，就在习气中轮回。

爱是什么？

爱是慈悲！

爱是什么？

爱是包容和接纳你不喜欢的人、事、物！

"爱是恒久忍耐，又有恩慈；爱是不嫉妒，爱是不自夸；爱是不张狂，不做害羞的事，不求自己的益处，不轻易发怒，不计算别人的恶，不喜欢不义，只喜欢真理，凡事包容，凡事相信，凡事盼望，凡事忍耐。"

如果我真正爱一个人，则我爱所有人，我爱全世界，我爱生命。如果我能够对一个人说"我爱你"，则我必能够说"在你之中我爱一切人，通过你，我爱全世界，在你的生命中我也爱我自己"。

让生命发生奇迹有以下两个方法。

一是生起觉知。觉知生起，你就活在爱与奇迹中。这个方法有点难，普通人没有经过训练，困在头脑里的时间太久了，所以做不到。

二是不当真。笃定地相信自己生活在一个全息电影里，当你不当真，万事就会有无限的可能性，奇迹与平安也会显现其中。

宇宙爱你，我爱你，通过我，你也爱你自己！

让我们用伟大的爱去做力所能及的小事，这就是真正的修行。

一个人要想觉悟，先要活出自我；要活出自我，先要疗愈伤害。疗愈伤害才能用心生活，用心生活才能活在当下，活在当下才能浑身喜悦，浑身喜悦才能臣服于宇宙，臣服于宇宙才能无有恐怖，无有恐怖能才心安，心安才能无为，无为才能合道而为，如此人生才能圆满。

不是你自己觉知到的、悟到的，别人给不了你；给了你，你也守不住。

没有人能真正战胜你，也没有人能真正拯救你，除了你自己！

活出奇迹文

当你看到这段文字的时候，请和我一起轻声诵读。

我不仅是肉体的存在，我是充满爱与智慧的存在，在我体内有无限的力量、无限的慈悲和无限的智慧。

我秉持真心，愿意谦卑地向万事万物学习。每个人都是我的老师，万事万物都是我的老师。我愿意更柔软、更宽容、更友善待人。我知道，生活中所有的困扰、障碍，都是我自己的想法所造成的。我愿意勇敢面对并妥善处理人际关系中的纠葛，不再逃避。

每当内心起伏的时候，我可以从中觉察到我的盲点和问题所在；每当我感觉内心不平静的时候，就是我向内看的机会。这一路上我根本不担心，因为我愿意改变，我内在的智慧会引导我如何反省，如何去爱与被爱。我感觉自己很有力量，很有勇气。我不会迷失，从不孤单，因为爱与光明一直引导我走在正确的路上。

我们经受的所有苦难挫折，都有它特别的理由。当别人指责我时，我会谦虚地反观自己。当我被人诬蔑、曲解、攻击、毁谤时，我不会怪罪别人。我愿意因为我的受苦而能理解别人的苦，或降低别人的痛苦。不论发生什么事，都不会影响我内心的平静，也绝不影响我关爱他人的能力。我就是爱，我爱得越多，我感受到的爱也越多。我就是爱，我爱得越多，我感受到的爱也越多。

所以，每当别人对我不友善的时候，我不会直接去批判或指责。我知道当他们在攻击别人时，其实是在表达他们是需要帮助的，他们是在求救，他们正在呼唤爱。这个时候我愿意更加敞开，不再封闭我的心。当我的心越开放，我就越能理解对方任何不理性的行为都是在呼唤爱。有理解就有爱，我愿意学习用爱来回应一切。

我越是深入地感受自己，就越能感受到别人的心。我越敞开自己，就越能帮助别人敞开。我看到，他们其实是慈悲的化身，他们在牺牲奉献，扮演这个不受欢迎的角色，来成就我生命中的功课，感谢他们！我在所有的关系中，保持良好的互动。我从每一个人身上学到爱。我重视每个人的存在。我以慈悲友善之心对待万事万物。

我与爱合而为一，慈悲与智慧充满着我。我明白，力量就在我的体内，根本不需要向外追求。我是被祝福的，我是被爱的。因为爱，天下没有永远的仇恨，没有解决不了的问题，没有化解不了的对立。我和一切人、事、物都保持着友好的关系。

我感受到内心的和谐与宁静。我爱每一个人，我看到每个人善良美好的本质，我看到每个人的内在纯净的光明。当我用心关爱，我看到有敌意的人对我变得友善。当我真心祝福，我看到满怀愤怒的人，内心的恐惧和焦虑得到释放，变得祥和宁静、柔软慈悲。我坚信我的爱将化解所有的攻击报复；我坚信我的爱终将淹没所有的愤怒、敌意；我坚信我内在的光明必能照亮一切黑暗，化解所有的纷扰。我拒绝任何打击别人的念头、语言和行为。我永远行走在祥和、宁静的光明中，我永远行走在无限的喜悦、富足和平安中。

我的人际关系越来越和谐。我友善待人，一切以爱为出发点。我不再把恐惧、愤怒投射到别人身上。我能够理解、原谅并放下别人曾经对我的伤害。我看清楚我的现状是我过去的思维模式所造成的。我愿意承担，我愿意负责，我愿意改变！

我说的每一句话都发自真心与善意，我绝不说出恶意伤人的话。我不再陷入愤怒、悲伤与哀怨。我彻底地宽恕、彻底地感谢、彻底地放下。我的身心越来越平衡，越来越和谐而完整。

现在，我已经完完全全松开我的绳索，我也松开了加在别人身上的束缚。我的心灵得到完全的自由,我内在无限的爱与善良逐渐萌芽!我内在有一股全新的力量正蠢蠢欲动,即将生龙活虎地涌现!我的每一个想法、我所做的每一件事情、我心中的每一个计划,都有爱在指引,一切和谐圆满!

谢谢你,祝福你,我爱你们!

后　记

亲爱的朋友，当你读完《东方哲学中的财富智慧》后，有什么问题可以加我的企业微信与我联系。

只要识路，就不怕路远；

只要有缘，就不怕缘迟！

分享《与神对话1》中我被作者深深感动的一段话："现在我需要说的是，将本书包含的智慧读了又读之后，我为自己的生活感到深深的羞愧，在从前的生活中，我曾犯下许多错误和罪行，有过一些非常可耻的行为，做过一些我敢肯定别人觉得伤心和不可原谅的决定和选择。

"我为学到那么多教训而怀着难以言喻的感激，虽然我极其后悔它们是通过别人的痛苦而学到的；我发现仍有许多教训等着我去吸取，因为我在生活中还将会遇到许多人。

"我为学得慢而向每个人道歉。然而神鼓励我宽恕我的失败，鼓励我别生活在恐惧和愧疚之中，而是永远尝试——不停地尝试——过上更美满的生活。"

最后讲一个故事送给你。

一个学生问他的老师——苏格拉底，"老师，我如何成功？"苏格拉底说："成功非常非常容易！你跟我来"，苏格拉底带着学生来到河边，然后向河中走去，学生就跟在他后面。一会水没过了膝盖，苏格拉底继续向前走，水又没过了腰，学生仍在后面跟着。走到河中间时，苏格拉底转过身突然把学生的头按进水里，学生不知道怎么回事，头在水中待了一会，呼吸困难，憋得难受。他想抬起头，冒出水面呼吸。可是他越抬得厉害，苏格拉底就把他的头越死劲往下按，学生已经连续呛了几口水，感觉到致命的窒息。强烈的求生欲望使学生疯了一般地拼命挣扎，终于把头探出了水面，大口大口地喘气。苏格拉底笑着对他说："如果你成功的欲望像刚才求生的欲望一样强烈，你不可能不成功"。

同理，如果你赚钱的欲望像绝境求生的欲望一样强烈时，你不可能赚不到钱。

深深地祝福大家幸福平安！活出自己喜欢的人生！

徐 瑞

2025年4月28日

扫一扫领取智慧课程